FACULTÉ DE DROIT DE PARIS

DROIT ROMAIN
DE L'EXTINCTION
DE L'HYPOTHÈQUE

DROIT FRANÇAIS
DU RENOUVELLEMENT DE L'INSCRIPTION
DES

PRIVILÈGES
ET DES HYPOTHÈQUES

THÈSE POUR LE DOCTORAT

PAR

ADRIEN CHEVRIER

PARIS
LIBRAIRIE NOUVELLE DE DROIT ET DE JURISPRUDENCE
ARTHUR ROUSSEAU, ÉDITEUR
14, RUE SOUFFLOT ET RUE TOULLIER, 13.

1888

THÈSE

POUR LE DOCTORAT

Châteauroux. — Typ. et Stéréotyp. A. MAJESTÉ.

FACULTÉ DE DROIT DE PARIS

DROIT ROMAIN

DE L'EXTINCTION
DE L'HYPOTHÈQUE

DROIT FRANÇAIS

DU RENOUVELLEMENT DE L'INSCRIPTION

DES

PRIVILÈGES
ET DES HYPOTHÈQUES

THÈSE POUR LE DOCTORAT

L'ACTE PUBLIC SUR LES MATIÈRES CI-APRÈS SERA SOUTENU

Le Mardi 17 janvier 1888, à 3 heures.

PAR

ADRIEN CHEVRIER

Président : M. LABBÉ.

Suffragants :
{ MM. DUVERGER, professeur.
  LAINÉ
  MASSIGLI } Agrégés.

PARIS

LIBRAIRIE NOUVELLE DE DROIT ET DE JURISPRUDENCE
ARTHUR ROUSSEAU, ÉDITEUR
14, RUE SOUFFLOT ET RUE TOULLIER, 13.

1888

DROIT ROMAIN

DE

L'EXTINCTION DE L'HYPOTHÈQUE

INTRODUCTION

L'hypothèque est un droit réel sur un bien affecté à l'acquittement d'une obligation.

Ce droit réel a deux caractères : il est accessoire de son essence, indivisible de sa nature ;

Accessoire : il suppose une dette pure et simple, à terme ou conditionnelle, civile ou naturelle ;

Indivisible : il subsiste sur toute la chose jusqu'à l'entier acquittement de l'obligation.

Ce caractère d'accessoire attaché à l'hypothèque conduit à une division toute naturelle du sujet que nous devons traiter, à savoir que, en principe, l'accessoire ne pouvant survivre au principal, quand la dette est éteinte, l'hypothèque s'éteint également.

Soit une première partie, où nous traiterons de l'extinction de l'hypothèque par voie de conséquence.

D'autre part, il peut arriver que l'hypothèque seule disparaisse, sans que l'obligation se trouve éteinte.

1

Soit une deuxième partie où nous parlerons de l'extinction de l'hypothèque par voie principale.

Mais, avant d'entrer dans le cœur de la matière, il convient de mettre en relief les principes qui doivent la dominer et auxquels se rattacheront les solutions des jurisconsultes.

Ces principes sont énoncés dans deux textes, l'un, d'Ulpien[1], l'autre de Marcien[2].

Le premier de ces textes porte : *in omnibus speciebus liberationum etiam accessiones liberantur, puta adpromissores, hypotheca, pignora.*

Le second : *etiam si creditor judicatum debitorem fecerit, hypotheca manet obligata, quia suas conditiones habet hypothecaria actio : id est, si soluta est pecunia, aut satisfactum est, quibus cessantibus tenet : et si cum defensore in personam agero, licet is mihi satisdederit et damnatus sit, æque hypotheca manet obligata : multo magis ergo si in personam actum sit, sive cum reo, sive cum fidejussore, sive cum utrisque pro parte : licet damnati sint, hypotheca manet obligata. Nec per hoc videtur satisfactum creditori, quod habet judicati actionem*[3].

Ces deux textes se prêtent un mutuel appui ; Ulpien pose le principe général : quand l'obligation principale disparaît, l'hypothèque s'éteint également, mais encore faut-il qu'il n'y ait pas une obligation naturelle survivant à l'obligation civile.

Marcien complète le principe d'Ulpien en indiquant que l'hypothèque disparaît quand il y a paiement ou satisfaction analogue.

---

1. L. 43 D. *de solut.*, XLVI, 3.

2. L. 13, § 4 D. *de pign., et hyp.*, XX, 1.

3. Ces deux textes font allusion, le premier aux modes d'extinction appartenant au droit civil, le second à ceux du droit prétorien.

Voilà le point de départ de notre sujet. Nous n'aurons guère, dans le cours de cette thèse, qu'à rechercher quand il y a *solutio* ou *satisfactio* suffisante pour entraîner l'extinction de l'hypothèque, et les explications que nous proposerons se rattacheront aux règles fondamentales que nous venons d'indiquer.

Cela posé, dans la première partie traitant de l'extinction de l'hypothèque par voie de conséquence, nous examinerons les divers modes d'extinction des obligations et nous traiterons successivement :

Chapitre I. — Du paiement, de la dation en paiement et de la compensation.

Chapitre II. — De l'*acceptilatio* et du pacte de *non petendo*.

Chapitre III. — De la novation et de la *litis contestatio*.

Chapitre IV. — De la chose jugée et du serment.

Chapitre V. — De la perte de la chose due.

Chapitre VI. — De la prescription.

Chapitre VII. — De la *capitis deminutio et de la restitutio in integrum*.

Chapitre VIII. — De la confusion.

Chapitre IX. — De divers cas où le créancier est puni par la perte de sa créance.

PREMIÈRE PARTIE

De l'extinction de l'hypothèque par voie de conséquence.

CHAPITRE PREMIER.

DU PAIEMENT, DE LA DATION EN PAIEMENT ET DE LA COM-
PENSATION.

§ 1er. — Du paiement.

Le paiement est le mode d'extinction par excellence ; valablement fait, il éteint non seulement l'obligation, mais encore les sûretés accessoires qui la garantissaient [1]

Le paiement peut émaner soit du débiteur, soit d'un tiers.

Premier cas. — Le paiement émane du débiteur. Ce paiement peut être volontaire ou forcé; dans l'une et l'autre hypothèse, il éteint la dette avec tous ses accessoires, mais à la condition d'être intégral. C'est une des conséquences de l'indivisibilité de l'hypothèque. En voici d'autres :

1. Si l'hypothèque porte sur plusieurs choses, le créancier n'est pas forcé d'en libérer une avant d'avoir reçu la totalité de ce qui lui est dû [2].

2. Si la dette est productive d'intérêts, tant qu'elle

---

1. L. 43 D. *de solut.*, XLVI, 3.
2. L. 19 D. *de pign. et hyp.*, XX, 1.

n'est pas entièrement payée en capital et intérêts, l'hypothèque subsiste sur toute la chose [1].

3. Un des héritiers du débiteur payant sa part personnelle de la dette, ne libère pas le bien hypothéqué pour la part qui lui en est attribuée [2].

4. Si un créancier meurt laissant plusieurs héritiers, et que l'un d'eux reçoive le paiement intégral ·de sa créance, la chose demeure néanmoins affectée tout entière à la sûreté des autres [3].

Deuxième cas. — Le paiement est fait par un tiers.

En principe, le paiement effectué par un tiers éteint la créance avec tous ses accessoires [4]. Mais l'équité commande que celui qui paye une dette, dont il n'est pas tenu ou dont il est tenu pour un autre ou avec d'autres, ait un recours. Ainsi le tiers qui paye est-il un mandataire, il a l'*actio mandati* ; est-il gérant d'affaires, il a l'*actio negotiorum gestorum*, et, s'il ne veut pas se contenter de ce mode de recours, il peut se faire céder l'action primitive avec toutes les sûretés qui en forment la garantie.

De même, le fidéjusseur, le *mandator pecuniæ credendæ*, le débiteur solidaire, le tiers détenteur de la chose hypothéquée peuvent, au moyen de l'*exceptio cedendarum actionum*, obtenir du créancier la cession des actions primitives avec leurs garanties [5].

En pareil cas, ce que le créancier reçoit est réputé

---

1. L. 13, § 6 D. *eod. tit.*. XX, 1.
2. L. 8, § 2 D. *de pign. act.*, XIII, 7.
3. L. 11, § 4 D. *de pign. act.*, XIII, 7.
4. L. 40. D. *de solut.*, XLVI, 3.
5. LL. 13, 36 D. *de fidej.*, XLVI, 1.— L. 47 D. *loc. cond.*. XIX, 2.— Le *mandator pecuniæ credendæ*, à la différence du fidéjusseur, peut être dispensé de payer, si le créancier s'est mis hors d'état de lui céder ses actions. L. 95, § 1 D. *de solut.* XLVI, 3.

plutôt le prix de la cession de la créance qu'un véritable paiement, *non enim in solutum accepit*, dit Paul [1], *sed quodammodo nomen debitoris vendidit*. La créance et l'hypothèque ne sont pas éteintes, mais censées transmises au cessionnaire. Les textes partent de l'idée qu'entre le créancier et le tiers, il est intervenu une sorte de vente.

Aucun des cas dont nous venons de parler ne rentre dans notre recherche, mais il est d'autres hypothèses dans lesquelles il y a eu, de la part du tiers, un véritable paiement, où l'idée d'un paiment n'est éludée par aucune fiction, des hypothèses où le tiers qui a payé la dette entre les mains du créancier hypothécaire a, pour le recouvrement de la somme déboursée, le rang hypothécaire du créancier désintéressé.

Ces hypothèses, dites de *successio in locum* [2], sont les suivantes :

1. Un créancier hypothécaire désintéresse un ou plusieurs créanciers qui lui sont préférables : c'est le *jus offerendæ pecuniæ*.

2. Un tiers fournit des deniers pour désintéresser le créancier hypothécaire.

3. L'acquéreur d'un bien hypothéqué paye son prix entre les mains du premier créancier hypothécaire.

I. *Jus offerendæ pecuniæ.* — En vertu de ce droit, un créancier hypothécaire peut désintéresser un autre créancier hypothécaire afin de prendre son rang.

Ce droit importait beaucoup à Rome, car le créancier hypothécaire, premier en rang, pouvait seul vendre la

---

1. L. 36 D. *de fidej.*, XLVI, 1.

2. En disant *successio in locum*, nous tranchons une controverse que nous ne pouvons examiner sans sortir de notre sujet ; cette controverse porte sur le point de savoir s'il y a *successio in locum* ou *in jus*.

chose hypothéquée ; or, en vendant le gage à un moment défavorable, il pouvait nuire au débiteur et aux créanciers postérieurs. Ceux-ci, alors, en le désintéressant, empêchaient une aliénation préjudiciable à leurs intérêts et à ceux du débiteur [1].

Ce droit ne compète qu'aux créanciers hypothécaires [2].

Opéré dans ces conditions, le *jus offerendi* éteint la créance, et cependant le rang de l'hypothèque attachée à la créance éteinte passera au créancier qui a payé. Comment cela peut-il se faire ?

On a dit que le créancier, qui a désintéressé le *prior creditor,* rend un service non seulement à ce dernier, mais encore aux autres créanciers dont les chances de paiement se trouvent augmentées : il fait un acte utile à tous, un acte de gestion d'affaires. Dès lors, il est juste, il est nécessaire pour le crédit hypothécaire lui-même, que ce créancier voie le recouvrement des sommes par lui avancées, garanti par une hypothèque qui doit être efficace, et, par conséquent, doit avoir le rang de celle jadis attachée à la créance éteinte.

Cette explication nous semble inexacte. En effet, pour qu'il y ait gestion d'affaires, il faut que les actes de gestion se réfèrent réellement au patrimoine d'un tiers, non à celui du gérant, ou du moins que, quand ces actes sont dans l'intérêt du gérant et d'un tiers, on puisse reconnaître que l'intérêt de ce tiers est distinct

---

1. L. 5 pr. D. *de distr. pign.*, XX, 5. — L. 8, C. *qui pot. in pign.* VIII, 18. — L. 3 C. *si ant. cred.* VIII, 20.

2. L. 10. C. *qui pot. in pign.*, VIII, 18. — Le *jus offerendi* peut être exercé par un créancier hypothécaire premier en date contre un créancier postérieur. Cela a été contesté par plusieurs auteurs ; mais aujourd'hui, en présence du texte formel de Paul, *Sent.* II, XIII, § 8, on reconnaît qu'un créancier hypothécaire antérieur peut avoir intérêt à exercer le *jus offerendi.*

de l'intérêt personnel du gérant. Or, dans l'espèce, il est impossible de séparer nettement l'intérêt personnel du créancier qui a exercé le *jus offerendi*, de celui des autres créanciers hypothécaires. Dès lors, il n'y a pas gestion d'affaires. La situation est encore plus sensible, quand il n'y a que deux créanciers hypothécaires en présence, dont le second a exercé le *jus offerendi ;* ici, bien certainement, ce dernier agit dans son propre intérêt, et cependant nous voyons le rang de l'hypothèque du *prior creditor* passer au créancier qui a payé.

Nous préférons dire, avec une autre doctrine, que le créancier au profit duquel se réalise la *successio in locum* prend la place laissée vide par l'extinction de l'hypothèque de celui qu'il a désintéressé. Ce créancier a pu faire des déboursés considérables, et, en récompense de ces avances, il recueillera l'avantage du rang hypothécaire appartenant au créancier payé [1].

Mais cet avantage se bornera à la concession du rang hypothécaire du créancier désintéressé ; il ne s'étendra pas aux autres accessoires qui ont disparu en même temps que la créance à laquelle ils étaient attachés.

II. Un tiers fournit des deniers pour désintéresser le créancier hypothécaire. — Le rang du créancier payé appartiendra au prêteur de deniers, pourvu que les deniers aient été empruntés dans le but de payer le créancier et qu'ils aient effectivement été remis à ce créancier [2].

Certains auteurs voient dans cette opération une cession légale ou sous-entendue du créancier au prêteur.

---

1. Ortolan, *Inst.* I. Appendice par M. Labbé n° XII.

2. Il fallait une clause sur ce point dans l'acte d'emprunt. L. 1 C. *de his qui in pr. cred.*, VIII, 19.

Les autres, et nous sommes de cet avis, estiment qu'il est difficile d'admettre que toutes les actions qui appartenaient au créancier payé passent à l'auteur du paiement. De cette opération une nouvelle créance est née au profit du prêteur qui a désintéressé. Ce dernier, seul, doit en profiter et il en profitera en ce sens que sa situation sera améliorée, en acquérant le rang hypothécaire du créancier qui a reçu paiement. L'hypothèque du créancier *dimissus* ne lui est pas transmise ; la preuve en réside dans ce fait que le prêteur doit se faire constituer par le débiteur auquel il fournit les deniers, une hypothèque portant sur les mêmes biens hypothéqués au créancier payé. Alors, le rang de ce dernier lui appartiendra de plein droit. Cette subrogation est la conséquence du paiement effectué, et rien n'est plus équitable, cette opération rendant les mêmes services que l'exercice du *jus offerendæ pecuniæ*.

III. L'acheteur d'un fonds hypothéqué paye son prix entre les mains du premier créancier hypothécaire [1].

La loi 3, Code, VIII, 19, suppose qu'un bien hypothéqué à plusieurs créanciers est vendu par le débiteur à un tiers, avec cette clause, *ut pretium perveniat ad potiores creditores*, alors, dit le texte, *in jus eorum successisti* ; l'acheteur pourra se prévaloir de l'hypothèque contre les créanciers hypothécaires postérieurs qui voudraient provoquer la vente du bien. Ceux-ci ne le pourront qu'après avoir remboursé à l'acquéreur la somme payée au *prior creditor*, alors le *jus offerendæ pecuniæ* se trouve exercé. D'ailleurs, pour que la vente leur soit de quelque utilité, il faut qu'elle leur procure un prix supérieur à celui qu'a donné l'acquéreur ; si ce dernier a payé la chose selon sa véri-

1. L. 3. C. *de his qui in pr.*, VIII, 19. — L. 17. D. *qui pot. in pign.*, XX, 4.

table valeur, les créanciers ne seront guère tentés d'en
exiger le délaissement et de la revendre.

Remarquons que ce texte exige une clause formelle ;
cela est confirmé par Marcien, qui, supposant dans
la loi 12 § 1, D. XX, 4, que cette clause n'a pas été
insérée dans l'acte, nous dit que le détenteur de l'immeuble reste tenu envers le *secundus creditor*, comme
si l'hypothèque du *prior creditor* avait été éteinte, ce
qui implique nécessairement que le détenteur n'est pas
subrogé aux droits du *prior creditor*.

Paul [1], cependant, semble contredire Marcien et admettre que l'acheteur peut se prévaloir de l'hypothèque,
alors même qu'il n'est intervenu aucune clause expresse
dans l'acte. Mais il faut, ce nous semble, y sous-enten-
dre cette condition ; on combine ainsi ce texte avec
la loi 3 du Code, sans quoi il serait en contradiction avec
la loi 12 précitée.

Dans cette hypothèse, si l'hypothèque profite à l'a-
cheteur, c'est dans un intérêt général, pour ne pas
mettre hors du commerce les biens hypothéqués. Dans
ce but, on donne à l'acheteur le rang de l'hypothèque
du *prior creditor* désintéressé, afin de le mettre à l'abri
des poursuites des créanciers hypothécaires postérieurs [2].

---

1. L. 17. D *qui pot.*, XX, 4.

2. On peut supposer plusieurs dettes exigibles, dont une même personne est tenue envers un seul et même créancier; l'une de ces dettes est garantie par une hypothèque. Le débiteur fait un paiement
insuffisant pour éteindre toutes les dettes. Comment faire l'imputation ?

Les principes disent : si le débiteur a indiqué la dette qu'il voulait
éteindre, on suit sa volonté. *Quid* s'il n'a rien dit ? On impute d'abord
sur la dette la plus onéreuse, par conséquent sur la dette hypothécaire en premier lieu.

§ 2. — De la dation en paiement

Stricto jure, le créancier peut toujours exiger la chose due ; cependant, il peut accepter toute autre satisfaction. On dit alors qu'il y a *datio in solutum*, dation en paiement : l'obligation et l'hypothèque, s'il y en a une, sont éteintes.

Une question se pose qui nous intéresse particulièrement : supposons une *datio in solutum* faite *a non domino* et le créancier est évincé ; l'hypothèque est-elle éteinte ? Cela dépend du point de savoir si la créance est elle-même éteinte [1].

Cette question a été vivement controversée ; d'une part, Marcien donne au créancier évincé l'action qui

Si on suppose plusieurs dettes dont chacune est plus onéreuse que les autres selon le point de vue auquel on le place, *quid ?*

Papinien, L. 97 *de sol.*, D. XLVI, 3, nous dit que, en première ligne, passent les dettes infamantes, puis celles qui ont pour objet une peine, ensuite celles garanties par un gage ou une hypothèque ; c'était un usage constant.

Mais Marcellus, L. 73, *eod tit.*, au contraire, regarde la dette garantie par un fidéjusseur comme plus onéreuse que la dette hypothécaire : cependant le jurisconsulte dit qu'il est loisible au créancier de faire l'imputation d'abord sur la dette gagée. Il semble bien résulter de ce texte que Marcellus émet une opinion à lui personnelle, tout en admettant et en respectant l'usage constant que nous rapporte Papinien.

Comp. avec les cas de *successio in locum* ci-dessus rapportés les articles 1250, 1251. C. civ.

1. L. 6. § 1 D. *quib. modis.*, XX, 6. On avait discuté autrefois le point de savoir si, dans la *datio in solutum*, l'extinction a lieu *ipso jure* ou *exceptionis ope*. Les Sabiniens soutenaient la première opinion, les Proculiens la seconde, mais la doctrine sabinienne fut adoptée par un rescrit de Dioclétien, et reproduite dans les Institutes. G. III, § 168. L. 17. C. *de sol.*, VIII, 43. — Inst. Liv. III. Tit. xxix pr.

garantit l'obligation primitive, *manet pristina obligatio*. Paul émet le même avis [1].

D'autre part, Ulpien donne au créancier l'*actio utilis ex empto ;* une loi du Code est dans le même sens, et voit dans la *datio in solutum* une sorte de vente suivie de compensation [2].

Quel est l'intérêt de la question ? Si le créancier agit par l'action primitive, toutes les garanties de la première créance renaîtront. Si, au contraire, il agit par l'*actio utilis ex empto*, il court les risques de l'insolvabilité de son débiteur, mais le montant de la créance sera déterminé par la valeur de la chose au jour de l'éviction, et le créancier pourra demander une indemnité pour tout le tort que lui a causé l'éviction [3].

Les interprètes se sont divisés à propos de ces textes.

I. Cujas concilie ces textes, en recourant à une distinction : s'agit-il d'une obligation de somme d'argent, il y a *datio in solutum*, et ce créancier est évincé ; ce dernier est un acheteur, car nous trouvons ici les éléments d'une vente, laquelle est suivie de compensations. La dette est éteinte et l'*actio ex empto* subsiste seule. S'agit-il de toute autre obligation, *datio rei pro re*, en ce cas il n'y a pas vente, car, où trouver un prix consistant en argent ? L'extinction de la créance devait résulter du transport de la propriété de la chose donnée en paiement. Ce transport ne produit aucun effet et laisse subsister l'action primitive avec ses garanties [4].

Ce système, appuyé sur plusieurs textes [5], est contredit

---

1. L. 46. D. pr. et §. 1. — L. 98. D. *de sol.* XLVI, 3.

2. L. 24. D. *de pign. act.* XIII, 7. — L. 4. C. *de evict.* VIII, 45.

3. LL. 9, 23, *de evict.*, C. VIII, 45.

4. Cujas. *Œuvres posthumes*, V. page 1344.

5. L. 46. D. *de sol.* XLVI, 3. — L. 17. C. *de sol.* VIII, 43.

par Paul, dans la loi 98 pr. D. *de solut.* XLVI, 3; Paul donne l'action primitive et cependant il s'agit d'une dette d'argent, puisque c'est une dot en paiement de laquelle est donné un bien hypothéqué.

D'ailleurs, si cette distinction proposée par Cujas avait existé, les jurisconsultes romains n'auraient certainement pas manqué de la signaler.

II. Pothier résoud la difficulté très simplement ; pour lui, le créancier évincé aura le choix entre *l'actio utilis ex empto* et l'action primitive ; il prendra le parti le plus conforme à son intérêt. « Il faut convenir, dit-il,
» que la dation en paiement a beaucoup de ressem-
» blance avec le contrat de vente. C'est en consé-
» quence de cette ressemblance que, lorsque le créan-
» cier à qui une chose a été donnée en paiement en
» est évincé, il a une action contre le débiteur... *ad*
» *instar* de celle qu'a un acheteur contre son vendeur,
» *utilem actionem ex empto...* Observer qu'outre cette
» action, le créancier a aussi l'action qui naît de sa
» créance [1]. »

Cette opinion n'est pas admissible ; aucune loi ne permet de prétendre que, dans la pensée des jurisconsultes, le créancier eut deux modes d'action ; le débiteur se trouve alors à la discrétion absolue du créancier ; il a toutes les mauvaises chances et ne peut en invoquer aucune bonne.

III. Suivant d'autres auteurs, la divergence entre Ulpien et Marcien se rattacherait à la controverse des Sabiniens et des Proculiens sur l'effet extinctif de la *datio in solutum.* Selon les Sabiniens, la *datio in solutum* éteint la dette *ipso jure*, si elle est faite *a domino* ;

---

1. Pothier. *Vente*, n° 604.

en conséquence, le créancier évincé recouvre l'action primitive, tout comme le créancier évincé de la chose payée. De là la doctrine de Marcien et de Paul.

Les Proculiens, au contraire, disent que la *datio in solutum* opère *exceptionis ope*. Elle ressemble pour eux à une vente, ce qui se comprend quand il y a *res data pro pecuniâ*. Mais, quand il y a *res pro re*, les Proculiens y auraient vu autre chose qu'une vente, le prix de vente ne pouvait consister pour eux qu'en argent. Seulement à la longue, ces dissidences s'effacèrent, dès que l'on pouvait discerner dans un contrat qui *venalem rem habuerat* : tel est le rôle du débiteur dans la *datio in solutum*. De là, *l'actio utilis ex empto*, action nouvelle née de la vente. A cette opinion se rattacheraient la loi 24. D. XIII, 7. et la constitution de Caracalla L. 4. C. VIII, 45.

Ce système est inadmissible. D'après les Sabiniens, la *datio in solutum* éteint la dette *ipso jure*, si elle est translative de propriété, sinon, il n'y a rien de fait. Pour les Proculiens, la *datio in solutum* n'engendre qu'une exception, mais elle l'engendrerait toujours.

L'explication qu'on en a déduit semble peu plausible, « car [1] elle revient à dire que les Proculiens donneraient » moins de force que les Sabiniens à la *datio in solutum* » lorsqu'elle est translative de propriété, et lui en » donneraient davantage lorsqu'elle ne l'est pas. En » outre, les Proculiens n'admettaient pas qu'un prix de » vente consistât jamais en autre chose que de l'argent, » or tel est pourtant le résultat auquel conduit la doc- » trine d'Ulpien. Cela est dautant plus difficile à accepter » qu'Ulpien paraît avoir admis d'une manière générale

---

1. Accarias. *Précis de droit romain*, t. II, page 697, note 1.

» à l'exemple des Sabiniens, que les obligations s'étei-
» gnent *ipso jure* par la *datio in solutum*. »

De plus, en quoi le maintien de l'obligation primitive est-il injuste, la *datio in solutum* ayant été inefficace ? Sans doute, la renaissance de l'hypothèque
pourra nuire aux tiers, mais n'en est-il pas de même
si le créancier, recevant la chose due, en était évincé ?
Le système hypothécaire romain d'ailleurs, avec sa
clandestinité, se préoccupe peu de l'intérêt des tiers.

IV. Une autre explication a été proposée, toutefois
avec une certaine hésitation [1]; la voici: la *datio in solutum* faite *a non domino* n'éteint aucun des droits primi-
tifs du créancier qui peut les exercer dans toute leur in-
tégrité. Mais il se peut que la chose donnée en paiement
ait, au moment de l'éviction, une valeur supérieure au
montant de la dette ; le créancier pouvait-il réclamer cet
excédent? *Stricto jure*, non, car la *datio in solutum* ne
se confond pas avec la vente: elle a pour but direct l'extinction d'une obligation. Seulement, *utilitatis causâ*, on
compare le créancier à un acheteur, en ce sens qu'on lui
donne une *actio utilis ex empto*. Ce créancier a donc deux
actions: l'action primitive par laquelle il réclamera le
paiement de la créance qui n'est pas éteinte par la dation
en paiement, et l'*actio utilis ex empto* par laquelle il se
fera indemniser des dépenses qu'il a faites sur la chose
et dont il n'a pu se faire rembourser par celui qui l'a
évincé. La *datio in solutum* faite *a non domino* serait
sans influence sur la créance et l'hypothèque.

Dans cette hypothèse, il se passerait quelque chose de
semblable à ce qui a lieu quand le créancier est évincé
de la chose même comprise *in obligatione* qui lui a été
payée, alors qu'il a demandé une *cautio de evictione*.

1. M. Labbé. *De la garantie*, p. 99 et suiv.

Cette interprétation semble assez difficile à concilier avec les textes qui parlent de l'*actio utilis ex empto*. Ils paraissent donner cette action non seulement pour les dépenses faites sur la chose par le créancier, mais encore pour la valeur totale de la chose. Cela, d'ailleurs, est conforme aux règles ordinaires de l'*actio ex empto*, et il est probable que, si les jurisconsultes avaient entendu la limiter aux dépenses faites sur la chose, les textes en contiendraient des traces. Enfin, on arrive à cette conséquence peu admissible : voilà un créancier évincé de la chose donnée en paiement qui a une *actio ex empto* tandis que le créancier évincé de la chose comprise *in obligatione* qui avait été payée n'a point cette action, et doit, pour parer à cet inconvénient, stipuler une *cautio de evictione*, afin d'être indemnisé du dommage à lui causé par l'éviction. Comment expliquer cette différence ? La situation du premier est-elle plus digne d'intérêt que celle du second ?

V. D'autres auteurs [1] concluent à un simple dissentiment entre jurisconsultes : Ulpien se serait laissé toucher par l'intérêt des tiers ; Marcien respecterait davantage les principes. Nous inclinons à admettre cette solution, en faisant remarquer que l'opinion de Marcien n'est qu'une conséquence du principe par lui émis dans la loi 13 § 4 D. XX, 1. Ici nous pouvons bien dire : *pecunia non est soluta, neque satisfactum est*, par conséquent, *hypothecaria actio manet*, l'action hypothécaire subsiste.

§ 3. — De la Compensation

Lorsqu'un créancier hypothécaire a pour débiteur une personne envers laquelle il est lui-même tenu d'une

---

1. M. Accarias. *Précis de droit romain*, t. II, p. 697 et suiv.

dette, il peut s'opérer entre sa créance et sa dette une compensation, *debiti et crediti inter se contributio*, éteignant sa créance comme si elle était réellement payée [1].

La compensation étant opérée vis-à-vis du créancier hypothécaire, la situation de ce dernier est la même que s'il avait reçu son paiement, jusqu'à concurrence de la créance opposée en compensation. Si donc la créance hypothécaire est compensée pour le tout par une créance égale ou supérieure à son montant, l'hypothèque s'éteint avec elle, comme s'il y avait eu paiement intégral. Si la créance hypothécaire n'est compensée que pour partie, l'hypothèque, en raison de son indivisibilité, subsiste avec toute son étendue pour garantir le reliquat. C'est absolument comme s'il y avait eu paiement partiel.

Mais à quel moment se produira l'extinction de la créance?

Les Romains n'ont jamais conçu l'idée d'une compensation légale s'opérant par la seule force du droit, à l'insu même des parties, dès l'époque où les deux obligations ont commencé à coexister.

C'est là une conception imaginée par nos anciens interprètes français les plus accrédités, qui tient à une fausse explication des lois romaines et spécialement des mots *ipso jure* qui se trouvent dans la loi dern. C. *de compensat.* IV, 31.

A Rome, la compensation était judiciaire; elle n'existait que lorsqu'elle avait été faite par le juge. Jusque-là les deux créances respectives ne recevaient aucune atteinte. La formule [2] nous indique que les effets de la

---

1. L. 1. D. *de compens.*, XVI, 2.

2. Gaius, IV, § 64, où il s'agit de la compensation que doit faire *l'argentarius.*

compensation ne remontent pas au jour de la coexistence
des deux dettes et ne se produisent qu'au moment de la
litis contestatio.

Ce sera donc à partir de cette époque qu'il y aura extinction de l'obligation et de l'hypothèque qui la garan-
tissait.

Si la compensation n'a pas été faite, le plus souvent
ce sera parce que la créance du défendeur aura été reconnue n'être pas valable ou ne pas exister, et alors
celle-ci sera perdue. Mais si le juge a négligé plutôt
que rejeté le moyen de la compensation, par exemple,
pour éviter de trop longs débats, le défendeur conserve la faculté d'exercer sa créance avec l'hypothèque
qui y est attachée : *salva manet petitio*, dit la loi 7
§ 1. D., *de compens.*

CHAPITRE II

L'*acceptilatio* concourait souvent avec un paiement réel ou une *datio in solutum* ainsi que les textes le prouvent [1]; mais elle peut être employée seule, car elle est regardée comme une *imaginaria solutio*, un paiement fictif.

C'est à raison de ce caractère que nous en traitons à la suite du paiement [2].

Regardée par les jurisconsultes comme un paiement, l'*acceptilatio* doit en produire les résultats, et, en effet, nous voyons les textes établir que, quand l'obligation est éteinte par *acceptilatio*, alors qu'elle est garantie par un droit d'hypothèque, celui-ci s'éteint par voie de conséquence. *Acceptumne habes quod tibi debeo? Acceptum habeo*, le créancier se déclare satisfait; il libère en même temps son débiteur et perd aussitôt l'action hypothécaire [3].

Mais le créancier doit librement consentir son *acceptilatio*, sinon il peut se faire restituer *in integrum*.

---

1. Accarias, *op. cit.*, II, p. 729. L. 19, § 1. D. *de acceptil*. XLVI, 3. — LL. 6, 13, C. *de sol*. VIII, 43.
2. Inst. Liv. III. Tit. xxix, § 1, *quibus modis*.
3. L. 49, D. *de sol*. XLVI, 3. — L. 11, § 2. D. *de pign. act*. XIII, 7.

Tels sont les effets d'une *acceptilatio* régulière ; en est-il de même, si elle est irrégulière ?

En règle générale, l'*acceptilatio* irrégulière contient, du moins en germe, un pacte de *non petendo* ; dès lors les conséquences seront les mêmes que celles du pacte de *non petendo*.

Or, par ce pacte, le créancier peut faire remise soit de l'hypothèque, soit de la dette elle-même.

Le premier cas rentre dans la seconde partie de notre sujet.

Le second suppose que le créancier fait remise de la dette au débiteur, *pactum ne pecuniam petat;* quelle en est l'influence sur l'hypothèque ? Le pacte de *non petendo* qui éteint la dette *exceptionis ope,* éteint-il de même l'hypothèque ?

Marcien répond affirmativement, et cela que la chose hypothéquée soit entre les mains du débiteur ou d'un tiers détenteur [1] ; l'hypothèque, nous dit-il, est éteinte si le créancier y renonce ou convient qu'il ne demandera pas ce qui lui est dû, à moins qu'on ne prétende que ce pacte a eu pour but d'empêcher de demander à telle personne, objection qui devient plus forte, lorsque la chose hypothéquée est possédée par un tiers. Mais comme le pacte produit une exception perpétuelle, il faut dire, même dans ce dernier cas, qu'il y a renonciation à l'hypothèque. Il est naturel, en effet, que lorsque le débiteur est libéré, la caution réelle le soit aussi.

Mais ce pacte, pour produire ce résultat, doit émaner d'une personne capable de le consentir, ainsi, d'un tuteur dans la limite de ses pouvoirs. De même, le consentement du créancier ne doit pas être surpris par dol ou violence ; de même encore, si, pour une cause quelcon-

---

1. L. 5. D. *quibus modis.*, XX, 6.

que, le créancier est restitué contre le pacte, l'hypothèque revivra en même temps que la créance [1].

Si le créancier, au lieu de faire remise de la dette, accorde un terme, *pactum ne intra annum pecuniam petat,* cette convention s'applique à l'hypothèque comme à la dette, *de hypothecâ quoque idem pactus esse intelligitur* [2].

---

1. L. 5. C. VIII, 26.
2. L. 5. § 1. D. *quib. modis,* XX, 1.

CHAPITRE III

DE LA NOVATION ET DE LA LITISCONTESTATIO

La novation éteint une obligation et en crée une autre. Nous n'avons qu'à envisager son effet extinctif et nous voyons par les textes que cet effet n'est pas moins absolu que celui du paiement. Ce rapprochement indiqué par les jurisconsultes [1] motive la place que nous assignons à la novation.

Le principe est que la novation éteint la dette avec tous ses accessoires, notamment les hypothèques [2], à moins que les parties ne soient convenues de garantir la nouvelle dette par l'hypothèque de la première avec son rang primitif, mais bien entendu dans les limites de l'ancienne obligation [3], afin de n'en point faire souffrir les créanciers intermédiaires.

La question n'est plus aussi simple quand la novation a lieu par changement de débiteur, c'est-à-dire par *expromissio*. Il est incontestable que le créancier et l'*expromissor* peuvent, avec le consentement du débiteur primitif, maintenir l'hypothèque comme sûreté de

---

1. V. notamment, L. 21, § 3. D. *de ann. leg.*, XXXIII, 1.
2. L. 11, § 1. D. *de pign. act.*, XIII, 7.
3. LL. 3, 12, § 5, D. *qui potiores.*, XX, 4.

la nouvelle obligation; mais peuvent-ils se passer de ce consentement?

Pothier soutient la négative [1] en invoquant un texte de Paul et un rescrit de Gordien [2].

Mais Paul suppose une *expromissio* pure et simple : *Paulus respondit, si creditor a Sempronio novandi animo stipulatus esset ita ut a primâ obligatione in universum discederetur rursum easdem res a posteriore debitore sine consensû prioris obligari non posse.* La créance est éteinte *in universum* avec ses accessoires, tels que les hypothèques ; puis, l'*expromissor* se ravise et veut faire revivre l'hypothèque grevant les biens de l'ancien débiteur; Paul se prononce naturellement pour la négative, cette hypothèque étant éteinte.

Ce n'est plus notre espèce où il s'agit de savoir si, au moment de la novation, les parties peuvent rattacher l'hypothèque à la nouvelle créance sans le consentement du débiteur primitif; voilà la question.

Quant au rescrit de Gordien, il suppose aussi l'*expromissio* faite avec réserve de l'hypothèque ; cette réserve aura tout son effet, à la condition que l'*expromissor* soit propriétaire du bien au moment de l'*expromissio*, car l'hypothèque sur la chose d'autrui est nulle ; d'où, *a contrario*, si le bien hypothéqué était resté entre les mains du débiteur originaire, celui-ci aurait dû consentir à cette réserve.

Sans doute, dira-t-on, il s'agit bien moins de consentir une hypothèque que de la créer à nouveau, ce qui est impossible sans le consentement du propriétaire de la chose. C'est une erreur ; la preuve en est que l'hypothèque valablement réservée conserve le rang anté-

1. Obligations, p. 3, ch. II, art. 5.
2. L. 30. D. *de novat.* XLVI, 2. — L. *un.*, C. *et ob. chiro. per.* VIII, 27.

rieur, et que le créancier *succedit in suum locum* [1].

Les textes ne résolvent donc pas la question qui, dès lors, reste entière. Cependant nous croyons que le consentement du débiteur primitif est nécessaire, car, en définitive, il y a une novation et la novation éteint les hypothèques ; que si celles-ci doivent garantir la seconde obligation, il faut le consentement exprès du débiteur primitif ou du propriétaire actuel. Comment admettre que celui-ci puisse avoir son bien hypothéqué pour sûreté de la dette d'autrui, et cela, sans son consentement ? Est-ce équitable, est-ce logique ? *Stricto jure*, la dette est éteinte par la novation ; l'hypothèque doit tomber également. Quand on permet aux parties de réserver celle-ci, c'est une dérogation aux principes du droit, et on comprend que les jurisconsultes n'aient permis pareille dérogation que sous certaines conditions.

Cette solution, d'ailleurs, se trouve fortifiée par un argument d'analogie tiré de ce qui se passe pour les fidéjusseurs. Pour ceux-ci, nous avons un texte formel d'après lequel les fidéjusseurs ne sont tenus à la nouvelle dette que s'ils s'y sont obligés expressément [2]. Pourquoi ne pas traiter de même la caution réelle et la caution personnelle ?

La novation, pour éteindre l'hypothèque, doit être effective, réelle, c'est-à-dire que la nouvelle créance doit avoir une certaine valeur, parce que la création de la seconde obligation est la cause de l'extinction de la première.

Voici deux applications de cette idée :

1. Un mineur de 25 ans se porte *expromissor*. *Jure*

1. LL. 3 pr., 12, § 5 D. *qui pot.*, XX, 4.
2. L. 60. D. *de fidej.*, XLVI.

civili, il le peut ; mais le préteur lui accorde la *restitutio in integrum :* les choses sont remises dans leur état antérieur. La novation est rescindée, elle n'existe plus et le créancier recouvre l'action et l'hypothèque primitives [1].

2. Une femme se porte *expromissor* dans l'intérêt d'autrui. Cet acte est valable *jure civili*, mais la femme peut invoquer l'exception du sénatus-consulte Velléien. Cette nouvelle obligation étant inefficace, le premier débiteur n'est pas libéré et l'hypothèque qu'il a consentie subsiste. C'est ce que nous dit Gaius [2] : *de pignoribus prioris debitoris non est creditori nova actione opus, quum quasi Serviana, quæ et hypothecaria vocatur in his utilis, quia verum est convenisse de pignoribus nec solutam esse pecuniam.*

Nova actione opus non est, c'est-à-dire que l'obligation de la femme étant inefficace, le préteur n'a pas besoin d'accorder au créancier une nouvelle action hypothécaire, *restitutoria hypothecaria actio.* Cette action n'a pas cessé de subsister, car on ne peut considérer comme un paiement ou une satisfaction, l'obligation contractée par la femme [3].

On compare souvent la *litis contestatio* à la novation. Limitant ce rapprochement au point de vue qui nous occupe, recherchons si la *litis contestatio*, comme la novation, éteint les hypothèques.

Tout d'abord, la *litis contestatio* est-elle une novation ?

Sans insister beaucoup sur cette question qui nous entraînerait trop loin, nous devons indiquer brièvement les discussions qu'elle a soulevées.

---

1. L. 50. D. *de minoribus*, IV, 4.
2. L. 13. § 1, D. *ad Senat. Vell.* XVI, 1.
3. Jourdan, *De l'hypothèque*, p. 693.

La *litis contestatio* éteint l'obligation primitive soit
ipso jure, soit *exceptionis ope*, et la remplace par une
obligation différente : *ante litem contestatam dare debitorem oportere, post litem contestatam condemnari oportere* [1].

Aussi beaucoup d'auteurs y voient une novation ou
une quasi-novation ; ils s'appuient sur l'opposition établie entre la *novatio voluntaria* et la *novatio judicii
accepti* dans certains textes [2], et sur le rapprochement
que fait Gaius entre la novation et la *litis contestatio* [3].

Cependant cette théorie n'est généralement pas
admise au moins pour l'époque classique, et cela pour
plusieurs raisons : d'abord, la loi 29, *de novat.* indique
une simple comparaison, et, quand elle oppose la novation volontaire au *judicium acceptum*, le mot *voluntaria*
ne figure pas avec son sens technique, mais seulement
avec un sens explicatif. Quant à Gaius, il nous parle
d'abord des novations par voie de stipulation §§ 176
à 179, et, quand il arrive à la *litis contestatio*, il nous la
présente formellement comme un mode d'extinction
distinct § 180 ; cette opposition se trouve marquée dans
d'autres textes, tels que L. 2 § 8. D. *de hered. vel.*,
XVIII, 4 ; L. 22. D. *de adm. et pers.*, XXVI, 7 ; L. 31
§ 1. D. *de novat.*, XLVI, 2. Dans Gaius lui-même, on
rencontre l'expression *novatio per stipulationem* distincte
de *tolli liticontestatione, novare* opposé à *in judicium
deducere*.

Remarquons, d'ailleurs, que la novation exige une
stipulation ayant le même objet que l'obligation à éteindre, ce qui ressort des exemples fournis par Gaius, III

1. Gaius, IV, §§ 106, 107.
2. L. 29, D. *de novat.* XLVI, 2.
3. Gaius, III § 176 et s.

§§ 176 à 179 et de la loi 1 pr. D. *de novat.*, XLVI, 2 ;
ceci n'existe plus dans la *litis contestatio* qui, dès lors,
a dû, au début au moins, en être forcément distincte.

Maintenant, que vers la fin de l'époque classique, la
litis contestatio doive être rapprochée de la novation,
cela est manifesté par les tendances des jurisconsultes.
Scévola semble même les faire rentrer dans un même
genre [1] ; Paul oppose le *judicium acceptum* à la *novatio
voluntaria*, ce qui semble indiquer que la *litis contestatio* contient une *novatio necessaria* [2] ; Papinien, surtout,
est concluant lorsqu'il nous dit : *inchoatis litibus actione
novavit* [3].

Quoi qu'il en soit, il est certain que la *litis contestatio*
respecte les droits de gage et d'hypothèque attachés à
la créance originaire. Comment expliquer cela ?

Les textes en donnent cette raison, à savoir que l'action exercée par le demandeur ne doit pas empirer sa
situation, mais l'améliorer [4], or, elle l'empirerait, si les
gages et hypothèques disparaissaient. Ce motif qui
nous est donné par Paul, se rattache par un lien immédiat aux principes qui dominent notre matière, principes puisés dans la loi 13, § 4, D. XX, 1, de Marcien. L'hypothèque, en effet, est destinée à garantir le paiement ;
elle ne doit donc s'éteindre que du jour où le créancier
a reçu ce paiement ou accepté une autre satisfaction. Assurément, le créancier qui en est à cette phase de la
procédure qui est la *litis contestatio*, ne peut pas être
regardé comme payé ou satisfait ; peut-être obtien-
dra-t-il une condamnation, peut-être non. Et, si nous

---

1. L. 60, D. *de fidej.* XLVI, 1.
2. L. 29. D. *de novat.* XLVI, 2.
3. Fr. *Vat.* § 263.
4. L. 13, § 4 D. *de pign. et hyp.* XX, 1. — L. 29. *de novat.* D. XLVI, 2.

voyons Marcien affirmer que, même après la condamnation, le créancier armé de l'*actio judicati* n'est pas
tenu pour satisfait et que l'hypothèque continue de subsister, il nous semble que cette considération est bien
plus forte, bien plus concluante quand il s'agit d'un
créancier qui n'a pas encore obtenu de condamnation
et ne peut se prévaloir de l'*actio judicati*.

Remarquons d'ailleurs qu'il faut distinguer l'obligation de l'hypothèque : à l'obligation correspond un droit
personnel, à l'hypothèque un droit réel. Le créancier
intente son action personnelle ; la *deductio in judicium*
du droit personnel laisse le droit réel en dehors de
l'instance ; la *litis contestatio* n'atteint donc pas ce dernier.

Telles sont les raisons qui justifient la survie de l'hypothèque à la *litis contestatio ;* elles sont tirées des jurisconsultes eux-mêmes et nous semblent suffisantes,
sans qu'il soit nécessaire d'invoquer comme beaucoup d'auteurs [1], l'existence d'une *obligatio naturalis*
survivant à la *litis contestatio*.

Il y a donc une grande différence, à notre point de
vue, entre la novation proprement dite et la *litis contestatio*. La première contient une sorte de dation en paiement : le créancier accepte, au lieu de ce qui lui est
dû, la nouvelle créance ; s'il veut rattacher à celle-ci
l'hypothèque créée pour la première, il faut une réserve formelle. Au contraire, on ne saurait assimiler la
litis contestatio à un paiement ou à une *datio in solutum*, et, en admettant même qu'elle soit une novation,
on devait en modifier les effets, car elle a été amenée
par le fait même du débiteur qui n'a pas rempli ses engagements, tandis que, dans la novation proprement

1. Conf. Machelard, *Oblig. nat.* p. 364 et s.

dite, on peut dire que c'est de son plein gré que le
créancier a renoncé à son ancienne créance et à ses
garanties [1].

Les arguments que nous venons de présenter pour
expliquer la survie de l'hypothèque à la *litis contestatio*
peuvent justifier les solutions données pas les textes
dans les hypothèses suivantes :

I. Le demandeur, créancier hypothécaire, n'a pas obtenu de condamnation, parce que l'instance est périmée. Le débiteur est bien à l'abri de l'action *deducta in
judicium* ; cependant l'hypothèque subsiste ; pourquoi ?
parce que le créancier n'a reçu ni paiement, ni satisfaction [2].

II. Le demandeur s'est fait représenter par un incapable de plaider au nom d'autrui, ou lui-même est incapable de se faire représenter ; le défendeur lui oppose
l'*exceptio cognitoria* ou *procuratoria* [3].

III. Le demandeur a plusieurs chefs de demande à
soutenir en justice contre un même défendeur ; il doit
demander une seule formule, sinon il doit, pour les
chefs réservés, attendre l'expiration des pouvoirs du
préteur. S'il ne le fait pas, il se verra opposer par le
défendeur l'*exceptio litis residuæ* [4].

IV. Le demandeur ne réclame qu'une partie de son
droit ; il devra attendre la fin des pouvoirs du préteur,
sinon il sera repoussé par l'*exceptio litis dividuæ* [5].

V. Le demandeur, créancier de prestations périodi-
ques, demande le paiement des prestations exigibles

1. Conf. Machelard, *Textes sur les hyp.*, p. 158 et s.
2. L. 8, § 1 D. *ratam rem.*, XLV, 8. — L. 30, § 1, D. *ad. leg. Aqui*, D.
IX, 2.
3. Gaius, IV, § 124.
4. Gaius, IV, § 122.
5. Gaius, IV, § 122.

sans insérer dans la formule la *præscriptio ea res agatur cujus rei dies fuit* [1] : il encourt l'*exceptio rei in judicium deductæ.*

Dans tous ces cas, on peut dire que si le créancier conserve son hypothèque, bien qu'encourant une déchéance pour contravention aux règles de la procédure, c'est parce qu'il n'a pas encore reçu paiement ou satisfaction analogue.

Il est probable que la loi 59, *ad senat. Treb.* D, XXXVI, 1, fait allusion à la persistance de l'hypothèque dans ces hypothèses : le *pignus* subsiste, bien que *amissa est actio propter exceptionem.* On a expliqué cette survie de l'hypothèque en la rattachant à l'existence d'une *obligatio naturalis*; cependant nous préférons y voir l'application de ce principe que l'hypothèque dure tant qu'il n'y a ni paiement ni satisfaction. C'est ce qui nous semble résulter du texte lui-même : *et hic serviana actio tenebit : verum est enim, non esse solutam pecuniam ; quemadmodum dicimus, cum amissa est actio propter exceptionem,* nous donnons même solution, quand l'action est paralysée par une exception.

L'action hypothécaire dure, car il n'y a pas paiement quand elle paralysée par une exception.

Le créancier peut encourir une *plus petitio* et perdre ainsi son droit, sans pouvoir recommencer utilement ; mais la *plus petitio* respecte son hypothèque.

C'est ce qui résulte de la loi 27, D. *de pign.,* XX, 1. Ce texte suppose un créancier dépourvu de toute action personnelle, *quia forte causa ceciderat,* c'est-à-dire par l'effet d'une *plus petitio.*

Cependant le créancier pourra se prévaloir du *pignus,* vendre le *servus pignori datus,* et obtenir répara-

---

1 Gaius, IV, § 131.

tion des mauvais traitements que l'esclave hypothéqué a pu subir. Pourquoi le créancier peut-il exercer son droit hypothécaire ? Toujours pour le même motif: il n'est pas payé, il n'a pas reçu satisfaction équivalente à un paiement.

Le principe que la *litis contestatio* respecte les gages et hypothèques attachés à la première créance, est d'autant plus remarquable que le droit romain traite d'une toute autre manière les sûretés personnelles consistant dans la corréalité ou la fidéjussion. Le créancier poursuivant un des débiteurs corréaux, la *litis contestatio* libère les autres ; de même, quand il poursuit le débiteur principal, il libère le fidéjusseur [1].

Il en résulte que si un créancier ayant un ou plusieurs fidéjusseurs ou débiteurs corréaux, a aussi reçu une hypothèque, l'action hypothécaire n'est pas soumise aux mêmes conditions que l'action personnelle. Celle-ci exercée laisse force pleine et entière à l'hypothèque et éteint les autres actions personnelles ; les fidéjusseurs seront libérés par la *litis contestatio* et cependant l'action hypothécaire subsistera toujours.

Comment motiver cette différence ?

Les interprètes ont proposé plusieurs explications :

1. L'une, très simple, consiste à dire que l'obligation corréale et celle garantie par un fidéjusseur ne donnent pas, dès l'origine, autant de créances qu'il y a de débiteurs, mais un droit simplement alternatif, celui de s'adresser au débiteur qu'il veut, si bien que, après la *litis contestatio*, la créance se fixe sur un des débiteurs qui sera considéré comme ayant toujours été seul obligé. En conséquence, le créancier ne pourra se faire payer

_____
1. Paul, *Sent.* Liv. II, Tit. 17, § 16 ; — L. 2. D. *de duobus reis*, XLV, 2.

que par celui des débiteurs sur la tête duquel la dette se fixera.

Cette opinion doit être écartée ; l'idée d'un pareil choix nous semble contraire à l'esprit des jurisconsultes romains. D'ailleurs, il est des textes qui donnent au créancier le droit de se faire payer sur les biens de tous les *correi promittendi*, ainsi : L. 3, D. *de Sep.*, XLII, 6 ; la pluralité d'obligations dès l'origine, nous est indiquée dans de nombreuses lois, telles que L. 5, D. *de fidej.* XLVI, 1 ; L. 6, D. *de fidej. et novat.*, XXVII, 7 ; L. 13, § 4, D. XX, 1 ; L. 3, § 1, D. *de duob. re.*, XLV, 2.

II. D'autres auteurs reconnaissent cette pluralité d'obligations, mais à leurs yeux ces obligations sont identiques quant à leur objet ; dès lors, la *litis contestatio*, en éteignant l'une, éteint l'autre ; l'objet dû est le même pour tous, on ne peut le déduire en justice à l'égard de l'un sans l'y déduire à l'égard des autres. Que les conséquences de cette identité d'objet aient été poussées outre mesure, c'est possible, car l'équité semble indiquer que le créancier peut réclamer une seconde fois ce qu'une première action n'a pu lui faire obtenir, surtout s'il a eu le malheur de diriger ses poursuites contre le débiteur insolvable.

Quoi qu'il en soit, tel semble avoir été le droit classique. D'ailleurs, la loi 5, D. *de fidej.*, XLVI, 1, que nous venons de citer, paraît bien donner ce motif tiré de l'effet extinctif de la *litis contestatio : cum altera (obligatio) earum in judicium deduceretur, altera consumeretur.* C'est donc qu'il y a pluralité d'obligations, mais, comme elles ont même dette quant à leur objet, la *litis contestatio*, éteignant l'une, éteint l'autre.

Au contraire, cette identité ne se rencontre plus quand l y a des gages ou hypothèques ; il y a deux actions, l'une réelle, l'autre personnelle, qui ont des objets différents. Dès lors, on comprend que la *litis contestatio* respecte ces sûretés réelles [1].

III. Ce système, basé sur l'identité d'objet est combattu par des arguments qui nous semblent tout à fait probants [2].

Il est contraire au principe que Paul énonce dans la loi 29, D. *de novat.* XLVI, 2 : *non deteriorem causam nostram facimus, actionem exercentes, sed meliorem.* Le créancier qui poursuit l'un des débiteurs perd tout droit contre les autres, car le droit nouveau créé par la *litis contestatio* n'existe que contre le seul débiteur poursuivi.

Il vaut mieux dire : *de eâdem re ne bis sit actio ;* une seule action pour un seul droit ; dès lors, pas de poursuites simultanées possibles, ce qui est surtout compréhensible quand les coobligés sont domiciliés dans des lieux différents.

Les textes cités ne sont pas décisifs. Sans doute ils parlent de poursuites simultanées contre plusieurs coobligés, mais chacun de ceux-ci est-il poursuivi pour le tout ? Non ; alors cette simultanéité ne contrarie en rien le principe que nous invoquons, puisque le créancier intente une seule action pour chaque partie de la dette. Cette division de la dette entre les coobligés est formellement énoncée dans plusieurs textes [3] qui semblent exclure la faculté d'agir en même temps et pour le tout contre chacun. Le texte le plus pressant est la loi 6, D. XXVII, 7 ; un juge est donné à la fois contre des

---

1. Machelard. — *Obligations naturelles*, p. 356 et s. — *Dissertations de droit romain et français*, suivies d'appendices par M. Labbé, p. 174 et suiv.

2. Machelard. *Op. cit.* Appendice II, p. 213 et suiv.

3. L. 13, § 4 D. XX, 1. — L. 3, § 1 D. XLV, 2.

tuteurs et leurs fidéjusseurs ; il meurt, et un nouveau juge est donné contre les fidéjusseurs seuls. Divisera-t-on la condamnation ? Elle le serait entre les tuteurs, elle le sera également entre les fidéjusseurs du chef des tuteurs qu'ils garantissent. On ne peut donc agir simultanément et pour le tout contre chacun des *correi* ou des fidéjusseurs, parce que ceci est contraire au principe *de eâdem re*, etc.

On s'explique d'ailleurs facilement que l'hypothèque et la fidéjussion aient été traitées différemment. L'effet extinctif de la *litis contestatio* sur les fidéjusseurs produisait des conséquences désastreuses, si bien que le préteur, créateur de l'hypothèque, s'est trouvé amené par la force même des choses, à décider que la *litis contestatio* n'éteindrait pas l'hypothèque.

La pratique, en effet, avait dû imaginer divers moyens de laisser subsister, après l'action engagée contre le *reus*, l'obligation du fidéjusseur. On avait recours soit au *mandatum pecuniæ credendæ*, soit à la *fidejussio indemnitatis*, ou bien encore on convenait que l'obligation des fidéjusseurs survivrait à toute poursuite dirigée contre l'un d'eux ou contre le débiteur principal, pacte devenu d'un usage quotidien sous Justinien.

Dès lors, on comprend aisément que, dans l'intérêt général, le préteur ait soustrait l'hypothèque à l'effet extinctif de la *litis contestatio ;* laissant la fidéjussion réglée par le *jus civile*, il a soumis l'hypothèque à certaines règles propres. Si le préteur a pour mission de faire fonctionner les institutions établies, il n'en introduit pas moins des innovations pour corriger et tempérer la rigueur du droit civil.

Quoi qu'il en soit, le pacte dont nous venons de parler fut tellement employé, que Justinien fut amené à rétablir l'harmonie, en édictant ce principe de notre droit, selon lequel les poursuites exercées contre l'un des débiteurs solidaires laissent le droit entier vis-à-vis des autres, tant qu'il n'y a pas eu de paiement[1].

Désormais, les gages et hypothèques, la corréalité et la fidéjussion seront respectés par la *litis contestatio*.

1. L. 28, *C. de fidej. et mandat.*, VII, 41.

CHAPITRE IV

Plaçons-nous maintenant après la *litis contestatio*; à ce moment, de deux choses l'une : ou l'action n'a pas été jugée ou elle l'a été.

Elle n'est pas jugée; l'instance est, par conséquent, pendante ou périmée. Nous avons vu que, dans ce cas, l'hypothèque subsiste parce qu'il n'y a ni paiement ni satisfaction. Mais remarquons que le débiteur hypothécaire peut, si la *litis contestatio* n'a pas opéré *ipso jure*, invoquer l'*exceptio rei in judicium deductæ* contre le demandeur : il se trouve à l'abri de l'action personnelle, tout en restant exposé à l'action hypothécaire.

Supposons que l'action ait été jugée : en principe, *res judicata pro veritate habetur;* le débiteur qui a gagné son procès doit donc être libéré de la dette et des hypothèques le grevant. S'il est condamné, l'hypothèque garantissant la créance primitive subsiste et garantit l'obligation nouvelle née de la condamnation [1].

Si le débiteur est absous, deux situations peuvent se présenter.

I. L'absolution est le résultat d'un dol commis par le défenseur. — En ce cas, dit Paul, rapportant l'opinion

---

1. L. 13. § 4 D. *de pign.*. XX. 1.

de Julien sans la critiquer, le demandeur aura l'action de *dolo* [1]. Dans un autre texte [2], le même jurisconsulte dit que le demandeur exercera l'ancienne action, le défendeur opposera l'*exceptio rei judicatæ*, et le demandeur répondra par une *replicatio doli mali*. Ces deux textes, émanant du même auteur, placés côte à côte dans le Digeste, peuvent se concilier ainsi [3] : le premier moyen s'emploiera si le jugement d'absolution est un *judicium legitimum,* le second si c'est un *judicium imperio continens.* Et en effet, l'action de *dolo* est infamante et subsidiaire ; si la victime du dol peut se défendre par un autre moyen, elle n'aura pas l'action de *dolo.* Or, la *litis contestatio,* dans le *judicium legitimum,* éteint *ipso jure* l'action exercée, dès lors, on comprend qu'il y ait *actio de dolo* ; mais si, au contraire, il s'agit d'un *judicium imperio continens,* la *litis contestatio* n'éteignant pas l'action, la *replicatio doli mali* est suffisante.

II. L'absolution a eu lieu sans le dol du défendeur. — Tryphoninus donne une réponse formelle [4] : il assimile l'hypothèse où le débiteur a juré sur le serment à lui déféré qu'il ne devait pas, à celle où il a été absous même à tort, *quamvis per injuriam*; dans les deux cas, *pignus liberatur*, l'hypothèque est éteinte.

Ce texte paraît décisif. Cependant ne peut-on pas lui opposer la loi 13, § 4, D. XX, 1, et dire que l'hypothèque subsiste tant qu'il n'y a ni paiement ni satisfaction analogue ?

Nullement; c'est bien au contraire par l'application du principe émis dans cette loi 13, § 4, que nous explique-

---

1. L 20, § 1 D. *de dolo malo*, IV, 3.
2. L. 25, D. *eod. titulo.*
3. Machelard. *Oblig. nat.* p. 407 et suiv.
4. L 13, D. *quibus modis*, XX, 6.

rons la solution de Tryphoninus. La sentence dont s'a-
git peut être regardée comme un mode de satisfaction
analogue au paiement, car le créancier, en poursuivant
son débiteur, accepte d'avance la décision à intervenir ;
n'est-ce pas comme dans le serment (rapprochement si-
gnalé par les jurisconsultes), où celui qui défère le serment, dit par cela même : jurez que vous ne me devez
rien, et je vous tiens quitte ? Ici le créancier s'en remet
à la décision du juge.

Assurément un débiteur honnête, qui reconnaît l'erreur du juge, peut payer son créancier, mais pour lui
c'est un devoir de conscience. D'ailleurs ne serait-il pas
contraire au but de la chose jugée de laisser subsister
une action hypothécaire ? Les procès ne finiraient jamais,
s'il était permis à un créancier de venir démontrer l'erreur du juge et remettre ainsi tout en question [1] ; *post
rem judicatam, nihil quæritur*, dit Ulpien [2].

Cette solution ne va cependant pas toute seule et des
auteurs contestent la portée générale du texte de
Tryphoninus, en prétendant qu'une obligation naturelle survit à la charge du débiteur absous par un jugement. Ces auteurs s'appuient sur deux textes : la loi
27, D. *de pign. et hyp.* XX, 1, de Marcellus et la loi 60,
D. *de cond. indeb.* XII, 6, placée sous le nom de Paul.

Marcellus, dans le premier de ces textes, suppose
qu'un esclave hypothéqué a été mis aux fers par le débiteur pour une faute très légère ; par la suite, le créancier
hypothécaire vend cet esclave et en obtient un prix inférieur à celui qu'il espérait en retirer, à cause des mauvais
traitements que le débiteur lui a fait subir. Le jurisconsulte examine les diverses actions que le créancier pour-

1. Gaius, IV § 103 et suiv.
2. L. 56, D. *de re jud.* XLII, 2.

rait exercer pour obtenir réparation de ce préjudice ;
puis, supposant que le créancier est privé par quelque
déchéance de l'action attachée à sa créance, le préteur
vient à son secours. Comment le créancier a-t-il perdu
sa créance ? Le texte porte : *quia causa ceciderat ;*
c'est, dit-on, que le créancier poursuivant le débiteur a
perdu son procès. Mais cette interprétation est arbitraire,
et on peut très bien supposer que la déchéance du
créancier provient d'une faute de procédure, par exemple d'une *plus petitio*, et nous savons qu'en cas de *plus
petitio*, les hypothèques ne sont pas éteintes [1]. Le texte
est donc hors de cause.

Dans la loi 60, de *cond. indeb.*, Paul rapporte une
opinion de Julien. Un *verus debitor* a payé après la *litis
contestatio*, mais avant que le juge n'ait rendu sa sentence, *manente adhuc judicio ;* il ne peut pas répéter,
parce que la répétition lui est interdite au cas d'absolution comme au cas de condamnation ; bien qu'absous, il reste cependant débiteur naturel. Dès lors, dit
Paul, ce débiteur est comme celui qui aurait promis
ainsi : si tel navire vient d'Asie ou n'en revient pas.
La dette est indubitable, quoi qu'il arrive ; qu'il doive ou
qu'il ne doive pas, peu importe qu'il soit absous après,
car, même après une absolution, le *verus debitor* ne
pourrait pas répéter, car il est obligé naturellement.

M. de Savigny propose une conciliation [2] : pour lui,
quand le bien hypothéqué est entre les mains du débiteur
absous, l'hypothèque est éteinte à cause de la *res judicata ;* mais l'hypothèque subsiste contre les tiers détenteurs qui eux ne sont pas protégés par la chose jugée.
Tryphoninus parle du premier cas, et Paul du second.

1. V. *Suprà*, Chapitre III.
2. *Traité de droit romain*, t. V. § 250, note G.

Nous écartons cette distinction, car la loi 13 porte *pignus liberatur*, mots qui ont une portée absolue, qui écartent toute obligation naturelle. Si on admet celle-ci dans un cas, pourquoi la repousser dans l'autre et ne pas permettre l'exercice de l'action hypothécaire contre le débiteur aussi bien que contre les tiers détenteurs? à cause de la chose jugée, dira-t-on, mais c'est annihiler l'autorité de la chose jugée, si on permet à un prétendu créancier de venir dire : j'ai perdu mon procès contre mon débiteur personnel, mais je veux le recommencer contre tout tiers qui contestera mon droit hypothécaire [1]. Le créancier repoussé pourra encore agir par l'action hypothécaire, mais alors que fait-on du principe : *res judicata pro veritate habetur ?* Il faut donc restreindre la portée de la loi 60 et en donner une autre interprétation.

On a dit que le texte de Paul était exact, mais en ce qui concerne le paiement effectué avant le jugement d'absolution ; fait *manente judicio*, le paiement est valable, car, lors du paiement, il y a une obligation naturelle. Dès que le paiement a eu lieu, la dette est éteinte, et la décision du juge intervient trop tard ; les mots *licet enim* signifieraient seulement qu'un état de choses irrévocablement réglé en vertu d'un paiement ne peut être changé par une sentence d'absolution postérieure [2].

Cette opinion donne du texte une interprétation trop étroite ; il faut le prendre avec sa portée générale, refusant la *condictio indebiti* dans les deux hypothèses qu'il prévoit. La loi 60 ne distingue pas si le *solvens* a payé volontairement ou non ; volontairement, en renonçant à la chance d'une absolution à venir, involontairement,

---

1. Jourdan. *De l'hypothèque*, p. 694.
2. Doneau. *Comm. jur. civ.* XIV, 12.

par exemple, s'il s'agit de l'héritier du défendeur qui, ignorant qu'un procès est engagé, paie le demandeur, et ensuite est absous.

Sans doute, dans le premier cas, on peut admettre le refus de la *condictio indebiti*, car il n'y a plus d'objet au procès ; mais si le débiteur absous est mort, son héritier l'ignore et paie ; il veut répéter, le créancier pourra-t-il le repousser, en soutenant sa créance bien fondée, et ce, sans critiquer la chose jugée ? C'est inadmissible, d'autant plus que le même jurisconsulte permet la *condictio indebiti* après un serment [1], parce que désormais toute discussion est interdite, ce qui n'est pas moins vrai, quand une fois il y a chose jugée. Aussi une autre interprétation a été proposée : les mots *licet enim* montrent que la solution sera la même, que le paiement ait lieu avant le jugement ou après l'absolution [2]. D'une part, Julien parle d'un *verus debitor*, c'est-à-dire d'un débiteur réel ; d'autre part, les textes établissent une analogie constante entre la chose jugée et le serment. Le juriconsulte s'occupe d'un *debitor verus et absolutus ;* voilà deux conditions à concilier, tout en respectant le principe de la chose jugée, et en remarquant qu'on ne peut appeler *verus debitor*, celui qui a été reconnu par le juge ne rien devoir. Or, peut-on trouver des hypothèses où ces conditions coexistent ? Oui, et voici des exemples : c'est un débiteur qui, poursuivi par le créancier, invoque une *exceptio pacti conventi ad tempus ;* le créancier commet une *plus petitio* et le débiteur est absous ; s'il paie après l'absolution, le débiteur ne pourra pas exercer la *condictio indebiti* ; — c'est un fils de famille qui est absous grâce au sénatus-consulte Macédonien ; —

---

1. L. 40, D. *de jurej.* XII, 2.
2. Machelard. *Obl. nat.* p. 436 et suiv. *Accarias,* op. cit. II, p. 887.

c'est un affranchi poursuivi à raison d'une promesse qu'il soutient avoir faite quand il était esclave, alors que cette promesse ne pouvait donner naissance à une action[1].

Nous suivons cette interprétation de la loi 60, qui, dès lors, ne contredit pas la loi 13, XX, 6, dont elle tempère seulement la portée.

Le principe est que l'hypothèque est éteinte par le jugement qui déclare une dette inexistante. C'est ce que proclame Tryphoninus, de même que la loi 56. D. *de re judicat*. XLII, 1 : *post rem judicatam vel jurejurando decisam vel confessionem in jure factam, nihil quæritur*. Seulement, dans certaines hypothèses, celles de la loi 60, l'hypothèque subsistera.

Nous avons dit que la loi 60, D. XII, 6, vise certains cas, tels que *plus petitio*, cas examinés ci-dessus[2] ; cette loi semble expliquer la survie de l'hypothèque par l'existence d'une obligation naturelle, alors que nous l'avons motivée par le défaut de paiement. La contradiction n'est qu'apparente, car nous pensons que le défaut de paiement est la vraie raison du maintien de l'hypothèque ; ce n'est que plus tard que les jurisconsultes ont conclu, pour soutenir cette hypothèque, à l'existence d'une obligation naturelle.

Les textes, ainsi que nous l'avons remarqué à maintes reprises, établissent une analogie constante entre le serment et la chose jugée[3]. Lorsque le créancier défère

---

1. Pour que ceci soit exact, il faut admettre que le juge donnait les motifs de son jugement ; on peut le croire d'après ces textes : L. 7, § 1 D. *de comp.*, XVI, 2. — L. 17. D. *de except. rei jud.* XLIV, 2. — L. 1, § 1, 2. D. XLIX, 8.

2. V. *Suprà*. Chapitre III.

3. L. 13. D. *quib mod.* XX, 6. — L. 56. D. *de re judicatâ*, XLII, 1. — L. 1. D. *quarum rerum actio*, XLIV, 5.

le serment à son débiteur, et que ce dernier jure qu'il
ne doit rien, le serment a la même force que la sentence
d'absolution, et l'hypothèque disparaît comme la dette
elle-même. A quel titre survivrait-elle ? Le créancier ne
regarde-t-il pas ce serment comme une satisfaction
analogue au paiement ? Ne dit-il pas en quelque sorte :
jurez que vous ne me devez rien, et je vous tiens quitte ?
Y eut-il même parjure, aucune obligation naturelle ne
survit à un faux serment [1].

1. L. 27. D. *de jurej*. XII, 2. Nous venons de dire que le serment est
assimilé à la sentence d'absolution. Ceci n'est pas très exact ; le serment a tantôt plus, tantôt moins de force que la chose jugée. Il en a
plus, en ce que la découverte ultérieure de pièces décisives permet
de recommencer un procès, mais non de remettre en question ce
que le serment a tranché. Il en a moins, en ce qu'il ne donne pas
par lui-même les moyens d'exécution ; le juge devra d'abord examiner
si ce serment a été valablement et régulièrement prêté.

CHAPITRE V

DE LA PERTE DE LA CHOSE DUE.

En principe, la perte de la chose due libère le débiteur.

Cependant, si la perte a lieu par la faute du débiteur ou après sa mise en demeure, l'obligation sera perpétuée ; non seulement l'obligation subsiste, mais elle est réputée conserver son objet originaire et tous ses accessoires, toutes les garanties. Donc, si par la faute ou après la *mora* du débiteur, la chose due vient à périr, l'hypothèque subsistera pour garantir le paiement de l'indemnité à laquelle le débiteur sera condamné.

Mais remarquons que si la chose périt après la mise en demeure, celui-ci sera libéré, s'il prouve qu'elle eût également péri chez le créancier.

CHAPITRE VI

DE LA PRESCRIPTION.

Quand un créancier reste un certain temps sans réclamer ce qui lui est dû, il y a lieu de présumer qu'il a reçu
paiement ou tout autre satisfaction analogue.

Ce principe a été admis par toutes les législations, afin
de ne pas remettre indéfiniment en question ce que le
temps a consacré. C'est le même fondement que celui
sur lequel repose l'autorité de la chose jugée; aussi nous
retrouvons une question identique: à savoir, si l'hypothèque s'éteint quand l'action personnelle est prescrite.

A l'époque classique, en règle générale, les actions
civiles étaient perpétuelles et les actions prétoriennes,
temporaires.

Théodose le Jeune décida que les actions perpétuelles,
réelles ou personnelles seraient désormais limitées à une
durée de trente ans. Nous avons donc à examiner notre
question, en nous plaçant à deux époques:

1° La période classique;

2° La période qui commence avec la réforme de Théodose le Jeune.

I. *Droit de l'époque classique.* — Pendant cette période, le principe est que les actions civiles sont perpé-

tuelles, sauf quelques exceptions [1]. Au contraire, les actions prétoriennes sont restreintes *intra annum*, sauf quelques-unes [2].

Il ne pouvait donc guère être question de l'extinction de l'hypothèque que pour les actions prétoriennes ; quand l'année est écoulée, l'action ne peut plus s'exercer, mais que devient l'hypothèque? Est-elle éteinte ou subsiste-t-elle?

La réponse est la même que pour la chose jugée : *pignus liberatur*, l'hypothèque est éteinte.

Nous pouvons justifier cette solution de deux manières :

D'abord, elle est conforme aux principes. La prescription repose sur cette idée que le créancier qui laisse s'écouler un certain temps sans poursuivre son débiteur est censé payé, ou présumé renoncer à son droit. Elle contient une présomption de libération ou de renonciation ; quand elle est accomplie, elle équivaut à un paiement ou à une satisfaction. Or, l'hypothèque s'éteint par le paiement ou une *satisfactio*, par conséquent, elle s'éteindra quand la prescription sera accomplie. Il est donc probable que le droit romain considérait comme satisfait le créancier qui n'avait pas exercé de poursuites dans le délai fixé par la loi.

D'autre part, nous ne trouvons pas dans les textes l'idée d'une *obligatio naturalis* survivant à la prescription,

---

1. Ainsi la loi Furia limite à 2 ans l'action contre les *sponsores* et les *fidepromissores* ; la *querela inofficiosi testamenti* dure 5 ans ; l'*actio injuriarum*, 1 an.

2. L. 35. D. de oblig. et act. XLIV, 7 ; l'*actio furti manifesti* est perpétuelle, parce que le préteur a substitué une peine pécuniaire à la peine capitale établie par la loi des 12 Tables ; de même, celles des actions *rei persecutoriæ* qui ont pour objet d'étendre une règle du droit civil sont perpétuelles.

obligatio qui pourrait motiver l'existence de l'hypothèque.

C'est, en effet, ce qui résulte de plusieurs lois que
nous allons examiner.

I. La loi 37, D., *de fidej.* XLXI. 1, suppose qu'une
personne libérée par le temps a donné un fidéjusseur :
fidejussor non tenetur, dit le texte, *quoniam erroris
fidejussio nulla est.*

On a proposé diverses explications.

Certains auteurs ont dit que cette loi supposait un débiteur qui aurait formellement limité son obligation à un
certain temps, et alors la nullité de la fidéjussion serait
exacte.

Mais rien ne permet d'affirmer que Paul voulut faire
allusion à ce débiteur, puisqu'à son époque, il y avait
des débiteurs qui se trouvaient libérés *tempore*, sans
avoir limité leur obligation à une certaine durée.

M. de Savigny prétend que la prescription laisse subsister une obligation naturelle ; l'obligation n'a pas péri
tout entière. Autrement, dit-il, l'erreur ne devrait avoir
aucune influence, et cependant Paul base la nullité de
la fidéjussion sur le fait de l'erreur, de sorte que, dans
sa pensée, un cautionnement fourni sciemment serait
efficace. Il faut donc la rattacher à l'idée d'une obligation qui existe encore.

Nous préférons, avec une autre opinion [1], dire que,
« sans doute, il faut tenir compte de la circonstance
» d'une erreur commise par le débiteur qui ignorait sa
» libération ; mais, les choses, après la prescription, ne
» sont plus dans le même état que s'il n'y avait jamais
» eu d'obligation... Un débiteur dégagé par la prescrip-
» tion, est libre de renoncer à ce bénéfice ; s'il le fait,

1. Machelard, *Oblig. nat.* p. 450 et suiv.

» la reconnaissance de sa dette qu'il fait sciemment, en
» fournissant une caution, doit être tenue pour valable,
» de même que le paiement qu'il aurait volontairement
» exécuté. Mais, s'il restait obligé naturellement, dans
» le sens ordinaire du mot, l'erreur où il serait tombé,
» soit en payant, soit en donnant quelque garantie,
» n'empêcherait pas la validité de ces actes. La fidé-
» jussion trouverait une base suffisante dans l'obliga-
» tion naturelle dont l'efficacité n'est pas, en général,
» subordonnée à la bonne volonté du débiteur. Il est
» clair néanmoins que, suivant le jurisconsulte, l'ancien
» débiteur qui s'est trompé, ne doit souffrir aucun préju-
» dice par suite de son erreur. Ce n'est donc pas là une
» véritable obligation naturelle pouvant nuire au débi-
» teur malgré lui. »

2. Une solution analogue est fournie par un texte
d'Africain, la loi 38, § 4. D. *De Solut.*, XLVI, 3. Africain suppose qu'un débiteur, exposé à une action temporaire s'est absenté pour le service de l'État, et le
créancier a vu son action s'éteindre par un certain laps
de temps. L'absent revient : il n'est plus tenu d'une
obligation civile. Mais le préteur vient au secours du
créancier, et le restitue *in integrum;* de là une obligation prétorienne et annale à la charge du débiteur.
Cette obligation est garantie par un fidéjusseur. Voilà
le créancier qui laisse s'écouler un an sans demander la *restitutio in integrum :* le débiteur est libéré *tempore*, le fidéjusseur l'est-il également ?

Si le créancier avait voulu poursuivre le fidéjusseur,
la libération du débiteur principal entraînera celle du
fidéjusseur ; dans le cas contraire, l'obligation du fidéjusseur ne sera pas éteinte, voilà ce que disait Julien.

Africain, sur le premier point, approuve Julien ;

4

mais, sur le second, il s'en écarte, parce que le créancier obtient la *restitutio in integrum* contre le fidéjusseur comme il l'aurait obtenue contre le débiteur principal, s'il l'avait demandée en temps utile. Donc la libération par le temps ne laisse pas subsister une obligation naturelle, sans quoi celle-ci aurait maintenu la fidéjussion.

3. La loi 18 § 1, D. *de pec. const.* XIII, 5, nous dit qu'une obligation éteinte *tempore* ne peut faire l'objet d'un constitut, car il faudrait au moins qu'il subsistât une *obligatio naturalis*. Il y aura bien constitut, dit Ulpien, au cas où l'engagement du débiteur tenu d'une action temporaire a lieu avant l'expiration du temps accordé pour exercer cette action et bien que cette expiration se produise après ; d'où le constitut formé après l'accomplissement de la libération par le temps, est nul.

4. La loi 25, § 1, D. *Rat. rem. hab.*, XLVI, 8, suppose qu'un débiteur tenu d'une action temporaire a payé le *procurator* du créancier en exigeant de lui *cautio de rato*. Le maître ratifie après l'expiration du temps accordé pour la durée de l'action.

Le débiteur, dit Africain, peut agir contre le *procurator* par l'*actio ex stipulatû*. Il a le droit de répéter, parce que le débiteur libéré par le temps n'est plus débiteur. Ce droit de répétition est incontestable.

Il ressort du texte encore une fois cette preuve bien évidente que la libération *tempore* ne laisse subsister aucune obligation naturelle, sans cela assurément le débiteur n'aurait pu exercer d'action contre le *procurator* en vertu de la *cautio de rato*.

D'après les nombreux textes que nous venons d'étudier, nous avons constaté que la libération par le temps ne laissait subsister aucune obligation naturelle, ce qui peut expliquer pourquoi l'hypothèque s'éteint également.

Cependant, on fait à cette solution plusieurs objections qu'il nous faut maintenant examiner. Ces objections sont tirées de divers textes, tels que la loi 50, D. *de minoribus*, IV, 4 et la loi 2, C. *de huit. pign.*, VIII, 31.

La loi 50 suppose ceci : un mineur de 25 ans se porte *expromissor* pour un débiteur temporaire, dix jours avant l'expiration du délai de la prescription ; puis, il se fait restituer *in integrum* contre son *expromissio :* le créancier recouvre son action ainsi que l'hypothèque, contre le débiteur primitif, et ce, pendant un temps égal à celui qui restait à courir ; le jurisconsulte Pomponius ajoute : *et ideo pignus manet obligatum.*

M. de Savigny explique cette phrase en disant que l'hypothèque redevient valable pour toujours, *in perpetuum*, tandis que l'action personnelle sera éteinte au bout de dix jours [1].

Telle ne nous semble pas être la pensée de Pomponius ; nous croyons que le sens le plus naturel de la loi est celui-ci : le créancier, après la *restitutio in integrum*, doit être replacé dans la situation qu'il avait au moment de l'*intercessio* du mineur. Il ne suffit donc pas de lui rendre son action personnelle, il faut encore lui restituer la garantie de son obligation : l'hypothèque renaîtra en même temps que l'action personnelle pour durer autant qu'elle.

Quant à la loi 2, C. VIII, 31, elle porte : *intelligere debes vincula pignoris durare personali actione submota.* Le *pignus* semble maintenu, alors que l'action personnelle est perdue ; le texte ferait allusion au cas où l'action personnelle est éteinte par le temps. Mais rien ne justifie cette assertion, d'autant plus que, à l'époque de Gordien

1. *Traité de Droit romain*, V, p. 424.

duquel émane ce texte, il ne s'agirait que des actions temporaires seules alors prescriptibles; or le texte est général. Le système formulaire était encore en vigueur au temps de Gordien, la loi 2 étant de l'année 241 et celle de Théodose le Jeune de 424.

D'ailleurs, on peut l'expliquer par cette remarque : une action personnelle peut se perdre autrement que par le temps, ainsi, en cas de *plus petitio*, de péremption d'instance, hypothèses où l'hypothèque survit à l'action personnelle. De plus, on a fait observer que ce texte n'a peut-être rien à voir dans notre question parce que, vu sa généralité, il doit s'interpréter comme étant la suite de celui qui précède: la loi 1 dit que l'action hypothécaire durera contre l'héritier qui a payé sa part de la dette héréditaire, bien qu'il ne soit plus soumis à l'action personnelle: le créancier hypothécaire conserve entière son action, tant qu'il n'a pas reçu son paiement intégral. La loi 2 ne constaterait qu'une simple conséquence de l'indivisibilité de l'hypothèque ; on reste soumis à l'action hypothécaire alors qu'on ne peut plus être poursuivi par l'action personnelle [1].

Revenons-en donc à notre conclusion : en droit classique, l'hypothèque ne survit pas à l'extinction *tempore* de l'action personnelle.

II. *Droit du Bas-Empire.* — Cette période s'ouvre par une constitution de Théodose le Jeune [2] qui limite à trente ans la durée des actions autrefois perpétuelles, excepté l'action hypothécaire qui reste perpétuelle, quand elle est exercée contre le débiteur ou ses héritiers. Ce ne fut qu'en 525 que l'action hypothécaire fut déclarée prescriptible contre le débiteur, mais par quarante ans [3].

---

1. M. Jourdan, de l'*Hypothèque*, p. 212.
2. L. 3, C. *de præscript.* VII, 39
3. L. 7, C. *de præscript.* VII, 39 ou loi *Quum notissimi*.

Comment expliquer la survie à l'action personnelle, survie perpétuelle sous Théodose, décennale depuis Justin, de l'action hypothécaire exercée contre le débiteur ou ses héritiers ?

On a voulu la justifier par l'existence d'une obligation naturelle, mais nous avons vu que l'extinction par le temps ne laisse pas subsister d'obligation naturelle, dès lors il faut rechercher une autre explication.

Certains auteurs ont soutenu que les innovations de ces deux empereurs provenaient d'une fausse interprétation de l'Édit du préteur. Il y a, en effet, des hypothèses où l'obligation personnelle est éteinte, et où l'hypothèque continue de vivre: on leur a assimilé, à tort, le cas où l'action personnelle est prescrite par 30 ans ; à tort, disons-nous, car c'est contredire le but même de la prescription. Si un droit prescrit par 30 ans est considéré comme trop douteux pour qu'on puisse en autoriser la preuve contre le débiteur, ce doute existe au même degré et devrait entraîner défense de faire la preuve de l'obligation, qu'il s'agisse de l'action personnelle ou de l'action hypothécaire. Les conséquences de cette interprétation de l'édit prétorien se firent sentir ; la situation du débiteur sans cesse menacé par l'action hypothécaire parut intolérable à Justin qui se borna à limiter à 40 ans la durée de l'action hypothécaire contre le débiteur ou ses héritiers.

Nous nous rallions à une autre explication plus simple: la survie de l'hypothèque à l'action personnelle pendant 10 ans, n'est pas la conséquence d'une mauvaise interprétation de l'édit du préteur. Quel est, en effet, le principe prétorien ? Celui-ci : l'hypothèque s'éteint, quand il y a paiement ou satisfaction analogue. L'action hypothécaire survit dix ans à l'action personnelle ;

elle s'éteint un peu plus tard par l'effet du temps, sans
que le créancier ait reçu paiement ou satisfaction. Les
empereurs n'ont donc pas fait durer l'action hypothécaire jusqu'à ce que le créancier fût satisfait. Comment
donc se fait-il que l'action hypothécaire dure plus longtemps que l'action principale? Le voici : la prescription
repose sur cette idée que le créancier qui ne poursuit
pas son débiteur pendant un certain laps de temps, a
reçu paiement ou satisfaction, ou bien renonce à son
droit, ou bien est en faute et mérite une déchéance.
Cette présomption est moins concluante quand il y a
une hypothèque qui garantit la créance, et que le bien
hypothéqué reste entre les mains du débiteur. En effet,
le créancier hypothécaire a une sûreté qui doit le rendre plus certain d'être payé; son inaction est plus excu-
sable, et fait moins facilement présumer un paiement,
une faute ou une renonciation de sa part.

Théodose, assurément, créa une fâcheuse anomalie,
en se prononçant pour la perpétuité de l'action hypothécaire, aussi Justin comprenant facilement que cette
perpétuité compromettait les intérêts mêmes du débiteur, limita la durée de l'hypothèque à 40 ans.

Si l'action personnelle n'est pas traitée de même,
cela tient à ce que les empereurs ont voulu intention-
nellement établir une différence entre l'action personnelle et l'action hypothécaire, et marquer que la prolongation de délai tient à l'hypothèque qui a ses conditions propres. Cette faveur ne doit s'appliquer qu'à
l'obligation, mais seulement en tant qu'obligation hypothécaire. Le créancier, dont la sécurité est plus grande
et l'inaction plus justifiable, conserve le moyen d'obtenir paiement par l'action hypothécaire alors qu'il ne le
pourrait plus par l'action personnelle. D'ailleurs, pour-

quoi y aurait-il deux actions contre une même personne, la chose restant aux mains du débiteur? Une
seule ne suffit-elle pas?

On peut critiquer le procédé bizarre employé pour
atteindre ce but; en tout cas il est simple et utile[1].

---

1. Machelard, *Dissertations*, v. Appendice III, p. 220. — Notre ancienne jurisprudence maintenait cette différence dans les délais de
prescription. Le parlement de Toulouse l'avait cependant rejetée, V. Pothier, *Hypothèques* ch. III, § 4. La Provence n'admit pas non plus la
prorogation jusqu'à 40 ans; V. Denisart, mot Prescription et Hypothèque.

CHAPITRE VII

La *capitis deminutio* fait disparaître la personnalité civile : les droits, les obligations du *capite minutus* s'éteignent par voie de conséquence, car l'obligation étant un rapport entre deux personnes, et l'une de celles-ci cessant d'exister, ce rapport ne peut plus subsister.

A ce rigorisme, la loi et la pratique apportèrent des tempéraments.

D'abord, s'il s'agit de la *capitis deminutio maxima*, le *capite minutus* est libéré des obligations par lui contractées avant qu'il ne tombe en esclavage. Ceci se comprend aisément, car cette *capitis deminutio* correspond à un anéantissement complet de la personnalité juridique; l'homme tombe au rang de chose. Qu'il devienne *servus pœnæ* ou qu'il ait un *dominus*, peu importe : les biens du *capite minutus* passent soit au fisc, soit au nouveau *dominus*, à charge par eux de payer les créanciers, en commençant par les créanciers hypothécaires [1]. Cependant ces deux situations doivent être soigneusement distinguées quand on se place au moment où la servitude a cessé : le *capite minutus* avait-il un *dominus*, son affranchissement ne lui rend pas ses anciens droits et le

[1]. LL. 2 pr.; 7 § 2. D. *De cap. min.* IV, 5.

laisse libéré des obligations contractées avant son esclavage. Était-il *servus pœnæ*, la grâce à lui accordée
ne fait renaître les actions contre lui que si on lui a
rendu ses biens ; mais si la peine seule lui est remise, les
biens restant entre les mains du fisc, il est libéré même
des actions hypothécaires. C'est ainsi qu'il faut concilier
avec Cujas, ce que disent Paul, *Sent*, liv. IV, tit. VIII, § 24
et Scévola, loi 30, D. *de oblig. et act.*, XLIV, 7.

Quant à la *media capitis deminutio*, le fisc recueille
les biens et doit payer les créanciers en commençant
par les créanciers hypothécaires. Si on remet au *capite
minutus* la peine et les biens, les créanciers peuvent de
nouveau le poursuivre ; si on lui remet seulement la
peine, il est libéré de ses dettes. Enfin, quand la confis-
cation n'est que partielle, le condamné reste tenu dans
la mesure des biens qu'il a conservés [1].

La *minima capitis deminutio* laisse subsister une obligation naturelle et par conséquent les créances hypothécaires. L'action originaire d'ailleurs, peut être res-
saisie au moyen d'une rescision de la *capitis deminutio* [2].

Cela nous amène à rechercher quelle est l'influence
de la *restitutio in integrum* sur l'extinction de l'hypothèque.

Outre l'hypothèse que nous venons de citer, nous
avons vu que l'*acceptilatio* doit être librement consentie et que, par conséquent, celui qui l'a faite sans donner
un consentement libre peut se faire restituer *in integrum*. Mais c'est surtout à propos des mineurs de 25
ans qu'il importe de parler de la *restitutio in integrum*.

Quelques mots sur la procédure de la *restitutio in in-*

1. L. 1, C. *De fidej.* VIII, 41.
2. L. 2. § 1. D. *De cap. minut*, IV, 5. — Gaius, III, § 84 et IV, § 38.

tegrum nous semblent utiles pour élucider certains points que nous aurons à examiner.

La *restitutio in integrum* faisait l'objet d'une sentence extraordinaire ; le mineur demandait une *cognitio* au magistrat. Cette demande devait être formée dans un certain délai qui a été plusieurs fois modifié dans le cours de la législation romaine.

La décision du magistrat était précédée d'un débat contradictoire, mais la *contumacia* du défendeur n'empêchait pas le magistrat de pouvoir statuer par défaut . Une fois l'instance valablement engagée devant le juge compétent, les choses restaient en l'état jusqu'au jugement du litige.

La *restitutio* prononcée, l'acte rescindé perdait toute force effective ; l'état antérieur était rétabli aussi bien en faveur de la personne restituée que contre elle ; mais, s'il s'agissait d'un mineur, ce dernier ne devait rendre que ce dont il s'était enrichi [2].

Le décret qui prononçait l'*in integrum restitutio* était un véritable jugement et le magistrat pouvait, par conséquent, recourir à la force pour le faire exécuter. Cependant, parfois à la suite de ce décret, le magistrat délivrait au demandeur des actions que l'on nommait rescisoires ou restitutoires [3].

Il semble résulter des conditions de la *restitutio in integrum*, de sa procédure et de ses effets, que le magistrat a, en quelque sorte, un pouvoir discrétionnaire.

Cela posé, quelle sera l'influence de l'*in integrum restitutio* sur l'extinction de l'hypothèque ?

Distinguons trois hypothèses :

1. L. 13, *pr.* D. *de minor.* IV, 4.
2. L. 1, C. II, 48.
3. V. Accarias, *op. cit.* II, p. 1331 et suiv.

1. Le mineur de 25 ans a contracté une obligation qu'il a garantie par une hypothèque grevant un bien qu'il a encore en sa possession.

2. Le mineur a hypothéqué un de ses biens qu'un tiers détient au moment où la *restitutio in integrum* est accordée.

3. C'est un tiers qui a consenti une hypothèque pour sûreté de la dette du mineur; profitera-t-il de la *restitutio?*

Les deux premiers cas ne comportent point de difficultés : en effet, d'une part, il est évident que le mineur qui a obtenu la *restitutio* sera libéré de l'hypothèque; d'autre part, si le bien hypothéqué est entre les mains d'un tiers, ce dernier doit profiter de la *restitutio* accordée au mineur; autrement, exposé à l'exercice de l'action hypothécaire, ce tiers aura un recours contre le mineur et celui-ci, en définitive, se trouvera privé du bénéfice de la *restitutio.*

Reste la troisième hypothèse : c'est un tiers qui a consenti une hypothèque pour sûreté de la dette contractée par le mineur; profitera-t-il de la *restitutio* accordée à ce dernier ?

Aucun texte à notre connaissance ne prévoit la question, mais celle-ci peut être résolue par voie d'analogie, en argumentant de ce qui se passe pour le fidéjusseur.

Pour le fidéjusseur, il est vrai, les interprètes se sont divisés et ont proposé deux systèmes entre lesquels il nous faut choisir :

1er *Système.* — Lorsque le mineur a obtenu la *restitutio in integrum*, son créancier n'a plus d'action ni contre lui, ni contre le fidéjusseur.

On invoque à l'appui :

1° les principes: la *restitutio* anéantit l'obligation principale, et la fidéjussion, obligation accessoire, doit

disparaître à cause du principe : *accessorium principale
sequitur*.

Cet argument n'est pas décisif. En admettant même
que *jure civili* l'obligation du mineur soit éteinte, une
obligation naturelle survit à la disparition de l'obligation
civile, et cette *obligatio naturalis* suffit pour que l'engagement de la caution ne soit plus dans le vide. D'ailleurs,
ne peut-on pas dire qu'en droit civil pur, la *restitutio in
integrum* a pour but de protéger le mineur contre les
conséquences de certains actes ? Cette protection
n'exige pas qu'on fasse tomber et son obligation et celle
du fidéjusseur ; il suffit, pour qu'il n'éprouve aucun
préjudice, qu'on ne puisse lui demander l'exécution de
son obligation.

2° les textes ; on cite la loi 95 § 3 D. de *solut.*,
XLVI, 3 qui prévoit un prêt d'argent fait à un mineur
et celui-ci a donné un fidéjusseur. Le mineur demande
la *restitutio in integrum* et meurt pendant l'instance,
laissant le fidéjusseur pour héritier. Papinien nous dit
que la caution profite de la *restitutio in integrum* du
mineur. Or, dit-on, pour qu'elle puisse en profiter comme
héritier du mineur, il faut qu'elle soit libérée en tant que
caution. C'est donc que l'obligation de celle-ci a été
anéantie par la *restitutio in integrum*.

Mais remarquons d'abord que Papinien donne cette solution pour une hypothèse tout à fait spéciale, de laquelle
on ne peut argumenter pour en tirer une règle générale
s'appliquant à tous les cas de fidéjussion. D'ailleurs, il y
a dans le passage que l'on cite certaines expressions qui
peuvent servir à expliquer la solution du jurisconsulte :
Ce sont les mots : *et cui fidejussor accessit sine con-
templatione juris prætorii*. La caution s'est engagée sans
se préoccuper du droit prétorien, sans, par conséquent,

garantir le créancier contre l'éventualité d'une *restitutio*.

Il est naturel qu'il profite dans ce cas de la *restitutio in integrum*.

Mais loin de résoudre par analogie toutes les autres hypothèses, il semble au contraire qu'il faille argumenter *a contrario* de la loi de Papinien et donner une solution différente quand on se trouve en dehors de l'hypothèse qu'elle prévoit.

On a cherché encore à baser ce système sur d'autres textes ; par exemple, on a invoqué la loi 51 d'Ulpien. D. *de procurat. et defens*. III, 3 ; la loi 69, D. de *acq. vel omittenda hereditate*, XXIX, 2.

Ces textes ne sont pas concluants ; les mêmes raisons qui nous ont fait écarter la loi 95 de Papinien doivent nous les faire rejeter.

2° *Système*. — Il faut distinguer suivant la nature de l'engagement du fidéjusseur.

S'il a voulu garantir le créancier seulement contre l'insolvabilité du mineur, alors il profitera de la *restitutio ;* mais s'il s'est engagé pour garantir le créancier contre la minorité du *reus* et ses conséquences, il ne peut en profiter, car il s'est obligé à exécuter l'engagement du mineur, quoi qu'il advienne. On arrive ainsi à concilier des textes qui refusent au fidéjusseur le droit de profiter de la *restitutio in integrum* et d'autres qui le leur accordent.

D'ailleurs, quand le fidéjusseur a entendu garantir la solvabilité, on s'explique qu'il doive profiter de la *restitutio in integrum*. S'il en était autrement, le recours qu'il exercerait contre le débiteur principal enlèverait à celui-ci l'avantage de la *restitutio*, ou bien il faudrait restituer le mineur contre l'action du créancier et contre celle du fidéjusseur, et alors ce dernier supporterait la

perte, ce qui est injuste. Le créancier a eu l'initiative de
l'affaire ; à lui incombent, plutôt qu'au fidéjusseur, les
conséquences d'un événement fortuit, tel que la *restitutio*.
Ce que nous avançons est corroboré par cette considération que, si, au lieu d'un fidéjusseur, il s'agissait d'un
mandator pecuniæ credendæ, la perte retomberait sur le
mandator, parce que c'est lui qui a poussé par son mandat, le créancier à contracter ; il doit donc être rendu responsable des suites de son mandat et échapper au recours du créancier contre lui.

Quand, au contraire, le fidéjusseur garantit la validité
de l'obligation principale, il ne doit pas pouvoir profiter
de la *restitutio in integrum*, puisque c'est contre ce danger
éventuel que le créancier a obtenu d'être garanti par le
fidéjusseur. Celui-ci est instruit de la minorité du débiteur principal ; n'est-il pas logique de présumer qu'il a
voulu mettre le créancier à l'abri des conséquences
d'une *restitutio in integrum* ?

Nous adoptons ce système, et nous l'appliquons, par
voie d'analogie, au tiers qui a hypothéqué son fonds pour
sûreté de la dette du mineur. Ce sera donc une question
d'appréciation de la part du préteur, qui sera l'interprète
souverain de la volonté des parties.

En tout cas, il est certain que le fidéjusseur ne peut
invoquer l'*in integrum restitutio* avant qu'elle n'ait été
demandée et obtenue par le mineur ; c'est, en effet, un
bénéfice donné à la personne. Mais une fois que l'exception est née, le fidéjusseur peut s'en prévaloir, malgré
l'opposition du débiteur principal, car mieux vaut, pour
lui, retenir que payer et ensuite exercer un recours.

Il en serait de même, s'il s'agissait d'une hypothèque.

CHAPITRE VIII

DE LA CONFUSION.

Nous plaçons la confusion à la fin de la première partie parce que, à proprement parler, elle n'est pas une cause d'extinction des obligations, mais plutôt une impossibilité matérielle d'exécution ; aussi la confusion n'est extinctive que dans la mesure où elle rend la sanction du droit impossible.

La confusion peut se concevoir de plusieurs manières : il peut y avoir réunion sur la même tête des qualités de débiteur et de créancier, ou des qualités de débiteur principal et de débiteur accessoire, ou bien deux qualités égales se réunissent en la même personne ou bien encore le créancier hypothécaire devient propriétaire de la chose hypothéquée. Réservant ce dernier cas pour la seconde partie de notre sujet, examinons les trois autres :

I. Le débiteur est devenu l'héritier du créancier et inversement, ou bien un tiers a succédé à l'un et à l'autre.

En principe, l'hypothèque se trouve paralysée dans la même mesure que la créance, parce qu'il y a impossibilité de se poursuivre soi-même[1]. Mais, pour produire cet

1. L. 71. D. *De fidej.* XLVI, 1.

effet, la confusion doit être réelle et durable ; or, il n'en est pas ainsi dans les cas suivants :

1. Un héritier sien use du *beneficium abstinendi* : héritier *jure civili*, le *suus* ne l'est plus *jure prætorio*. Il se fera payer ce qui lui est dû et paiera ce qu'il doit lui-même au défunt.

2. Le créancier est institué héritier par son débiteur et il est écarté de l'hérédité par la *querela inofficiosi testamenti*. La confusion disparaît, et le défunt est censé mort *ab intestat ;* les choses se passeront comme s'il n'y avait pas eu d'institution d'héritier [1].

3. L'héritier a accepté sous bénéfice d'inventaire. Il n'y a pas de confusion : s'il est créancier du *de cujus,* il sera traité comme les autres créanciers ; s'il a une hypothèque, il pourra s'en prévaloir pour primer les autres créanciers. Est-il débiteur du défunt : il devra acquitter sa dette [2].

4. Il y a eu *aditio hereditatis*, puis une *restitutio in integrum* qui efface l'*aditio*, L. 87 § 1. D. *de acq. vel. omit.* XXIX, 2. Ce texte suppose un pupille qui a fait adition d'hérédité *auctoritate tutoris ;* il est donc héritier, et, comme tel, tenu des dettes du *de cujus.* Ce pupille est lésé et invoque la *restitutio in integrum* qui a pour effet de le libérer de ses obligations. Dès lors, la confusion est considérée comme non avenue, et le pupille sera soumis aux actions dont il était déjà tenu, de même qu'il pourra invoquer celles qu'il avait contre le *de cujus.*

Dans ces diverses hypothèses, il n'y a pas de confusion ; les actions, les hypothèques continuent de subsister.

Sauf ces exceptions, il n'y a pas rescision de la confu-

1. L. 21, § 2. D. *De inof. test.,* V, 2.
2. L. 22. C. *De jur. delib.* VI, 30.

sion : ainsi au cas d'indignité, malgré celle-ci, l'indigne n'en reste pas moins héritier et les actions éteintes par la confusion ne renaissent pas[1].

La confusion, dans certaines circonstances, peut conduire à un résultat inique, par exemple, quand le créancier institué héritier par son débiteur est un fiduciaire. Le cas est prévu par un texte célèbre[2] qui a soulevé de vives controverses. Un débiteur a institué héritier son créancier hypothécaire à charge par lui de restituer l'hérédité à un fidéicommissaire. L'institué se défiant de la solvabilité du défunt, refuse de faire adition. Le préteur le force à se porter héritier et le créancier fiduciaire restitue l'hérédité au fidéicommissaire. Ce créancier peut-il se prévaloir de son hypothèque?

Stricto jure, il y a confusion, le créancier est héritier; plus d'obligation civile, plus d'action personnelle, mais l'action hypothécaire est-elle éteinte également?

Paul distingue selon que le créancier possède ou non la chose hypothéquée.

1° Si *possidet*, le fidéicommissaire n'a contre lui aucune action, ni l'*actio pignoratitia directa*, ni la *persecutio fideicommissi extraordinem*, parce que le fiduciaire détient le gage à titre de créancier et, comme tel, a le droit de rétention[3].

2° Si *non possidet*, il aura l'action servienne, car, dit Paul, *verum est enim non esse solutam pecuniam* et il ajoute : *quemadmodum dicimus, cum amissa est actio propter exceptionem; igitur non tantùm retentio, sed*

---

1. L. 8. D. *De his qui.*, XXXIV, 9.
2. L. 59 *Ad senat. Treb.* XXXVI, 1.
3. Gaius II, § 278. Paul dit qu'il n'a pas l'*actio pignoratitia*, *quoniam hereditaria est actio*. Ce passage a soulevé des difficultés que nous ne pouvons étudier sans sortir de notre sujet.

etiam petitio pignoris nomine competit, et solutum non re-
petetur. Remanet ergo propter pignus naturalis obligatio.

Sans doute, il semblerait plus logique de dire : *pignus*
remanet propter naturalem obligationem, parce que la
survivance de l'obligation naturelle n'est pas la conséquence du gage ; c'est au contraire le maintien du gage
qui est la conséquence de la survivance de l'obligation
naturelle. Mais Paul veut dire que la confusion laisse
subsister une obligation naturelle qui sera efficace à raison de l'hypothèque qui la garantit. Ce qui corrobore
l'existence de cette obligation, c'est le refus de la *con-*
dictio indebiti, refus qui est un des indices les plus certains de l'existence d'une obligation naturelle.

Mais, remarquons que, pour justifier la concession de
l'action hypothécaire, le jurisconsulte invoque le défaut
de paiement, *verum est enim non esse solutam pecuniam.*
Ce motif se retrouve dans beaucoup d'autres textes du
Digeste et nous en avons vu de nombreuses applications ; Paul lui-même, dans cette loi 59, en indique des
exemples : *quemadmodum dicimus, cum amissa est actio*
propter exceptionem. C'est une allusion à certaines hypothèses où la survie de l'action hypothécaire tient au défaut de paiement ou de satisfaction.

La raison tirée du non-paiment nous semble la vraie.
C'est d'ailleurs l'application pure et simple des principes
du droit prétorien, principes qui sont émis dans la loi 13
§ 4. D. *de pign. et hyp.* Ici, le créancier n'a reçu ni paiement ni satisfaction, car on ne saurait considérer comme
tel, la confusion qui s'est produite, confusion dont le
créancier ne saurait supporter les conséquences iniques.
Aussi voyons-nous le jurisconsulte invoquer de suite
pour justifier sa solution, l'absence de paiement.

Quant au motif tiré de l'existence d'une obligation

naturelle, nous pensons qu'il n'est pas déterminant ; il vient en second ordre, pour ainsi dire. Peut-être le défaut de paiement n'a-t-il pas semblé suffisant aux jurisconsultes pour justifier la survie de l'hypothèque. En effet, il est impossible de concevoir une hypothèque sans une obligation principale ; et alors les jurisconsultes ne pouvant comprendre cette hypothèque, en quelque sorte flottante, en l'air, aurait imaginé de lui donner un soutien, en la rattachant à une *obligatio naturalis*. Dès lors on s'expliquait plus aisément le maintien de l'hypothèque. L'allégation de l'existence d'une obligation naturelle n'est donc, à notre sens, qu'une preuve du développement de la théorie de l'hypothèque et des efforts des jurisconsultes pour expliquer les situations spéciales que présente parfois cette institution prétorienne [1].

II. Il y a confusion entre la qualité de débiteur principal et celle de débiteur accessoire.

C'est, par exemple, un fidéjusseur qui est héritier du débiteur principal ou réciproquement, ou bien un tiers succède à l'un et à l'autre.

Ici nous sommes en présence d'une hypothèse tout à fait spéciale : une obligation principale et une obligation accessoire sont réunies sur la même tête. Quelles sont les conséquences de la confusion ? Distinguons :

1. L'obligation principale est plus pleine, *plenior*, que celle du débiteur accessoire.

L'obligation accessoire du fidéjusseur disparaît [2] ; de même le sous-fidéjusseur est libéré. Mais si le fidéjusseur avait donné une hypothèque, celle-ci subsiste-

---

1. Les mêmes idées expliquent encore un texte de Paul, la L. 30 § 1. D. *de exc. rei. jud.* XLII, 2, que nous retrouverons dans la seconde partie.
2. L. 95, D. *de sol.* XLVI, 3.

rait [1]. La raison de cette différence, c'est que le sous-fidéjusseur n'est réputé s'obliger que pour le fidéjusseur ; il est donc libéré dès que la fidéjussion s'éteint ; mais l'hypothèque ne s'éteint que par un paiement ou une satisfaction analogue ; or l'absorption de l'obligation du fidéjusseur par l'obligation du débiteur principal n'est ni l'un ni l'autre.

2. Si l'obligation accessoire est *plenior*, comme au cas où l'obligation principale est naturelle tandis qu'il y a une action contre le fidéjusseur [2], elle ne périt pas et continue à garantir l'exécution de l'obligation principale. Si le fidéjusseur a donné une hypothèque, celle-ci subsistera tout comme le fidéjusseur restera obligé, autrement le créancier se trouverait perdre son action [3].

III. Il peut arriver que deux qualités égales se réunissent sur une même tête.

Ainsi un *correus debendi* succède à son débiteur. En ce cas, les textes décident que les deux obligations coexistent, car on ne voit aucune raison de faire disparaître l'une plutôt que l'autre ; d'ailleurs il n'y a ni paiement, ni *satisfactio*. Si l'un des *correi* a donné un gage ou une hypothèque, l'obligation hypothécaire subsistera [4].

Cette coexistence des deux dettes ou des deux créances est très importante, car, si l'une des actions peut être repoussée par une exception, on emploiera l'autre.

1. L. 38, § 5. D. *de sol*. XLVI, 3.
2. L. 21 § 2, D. *de fidej*. XLVI, 1.
3. L. 95, § 3, D. *de sol*. XLVI, 3.
4. L. 93, D. *de solut*, XLVI, 3, — L. 5. D. *de fidej*. XLVI, 1.

CHAPITRE IX

Plusieurs constitutions impériales privent le créancier, *pœnæ nomine*, du droit de poursuivre le débiteur, ce qui s'applique à l'action hypothécaire comme à l'action personnelle, sans quoi, la punition n'eût pas été sérieuse.

Ainsi, Marc-Aurèle [1] prive de toute action le créancier qui se fait justice à lui-même.

De même, ceux qui essayent de corrompre le juge sont déchus de leurs droits [2].

Arcadius, Honorius et Théodose décident que le créancier qui cède son droit à une *persona potentior* perdra son droit [3].

Un tuteur ou curateur s'étant rendu cessionnaire de créances contre son pupille ou son mineur, ceux-ci sont libérés purement et simplement [4].

---

1. L. 7, D. *ad leg . Jul.*, XLVIII, 7.
2. L. 1, § 3. D. *de calumn.* III, 6.
3. L. 2, C. *ne liceat pot.* II, 14.
4. Nov. 72, ch. 5,

DEUXIÈME PARTIE

De l'extinction de l'hypothèque par voie principale

Dans cette partie, nous traitons de l'extinction de l'hypothèque par voie principale, c'est-à-dire indépendamment de l'extinction de la créance.

Nous nous occuperons successivement :

Chapitre Ier. De la perte de la chose hypothéquée.

Chapitre II. De la résolution du droit du constituant et de l'expiration du temps pour lequel l'hypothèque a été constituée.

Chapitre III. De l'aliénation de la chose hypothéquée.

Chapitre IV. De la confusion.

Chapitre V. De la renonciation à l'hypothèque.

Chapitre VI. De la prescription de l'hypothèque.

CHAPITRE PREMIER

Lorsque la chose hypothéquée vient à périr, l'hypothèque s'éteint faute d'objet [1] ; mais, pour qu'il en soit ainsi, il faut que la destruction de la chose soit complète [2]. Appliquons ce principe :

L'hypothèque porte-t-elle sur un droit incorporel, comme une créance, un usufruit : de même que la destruction d'une chose matérielle, l'extinction d'un droit amène la disparition de l'hypothèque : ainsi la mort de l'usufruitier éteindra l'hypothèque grevant l'usufruit. Mais observons qu'il ne saurait dépendre de l'usufruitier ou du créancier d'éteindre l'hypothèque, en renonçant à son droit ou à sa créance. C'est avec ce tempérament qu'il faut entendre les mots, *sicut re corporali extincta ita et usufructû extincto pignus hypothecave perit*, loi 8. D. XX, 6. De même, l'extinction pour défaut de paiement de la redevance d'un droit d'emphythéose ou de superficie fait tomber l'hypothèque.

L'hypothèque sur un immeuble s'éteindra rarement par la perte de l'objet. Tant qu'il en reste quelque chose, l'hypothèque subsiste; ainsi l'hypothèque qui

---

1. L. 8, D. *quolus modis*, XX, 6.
2. L. 35, D. *de pign. et hyp.*, XX, 1.

grève une maison grève le sol sur lequel elle est bâtie ; si un incendie la détruit, le sol continue d'être grevé, et, si la maison est rebâtie, elle sera soumise à l'hypothèque. Si un tiers achète le terrain et fait reconstruire, il sera soumis à l'action hypothécaire, mais il ne sera forcé, s'il est de bonne foi, d'abandonner la possession de l'immeuble, qu'après avoir reçu du créancier le remboursement des dépenses qu'il a faites, jusqu'à concurrence de la plus-value qui en est résultée. C'est ce que nous dit Paul dans la loi 29 § 2. D. XX, 1.

Africain semble donner une solution différente et refuser à l'acheteur d'une maison le droit de réclamer au créancier hypothécaire quoi que ce soit des dépenses faites *in refectionem domûs*[1]. Dans l'opinion commune soutenue par Cujas et Pothier, il s'agirait, dans ce texte, de réparations qui n'ont pas augmenté la valeur de l'immeuble : pas de plus-value, donc rien à réclamer. Le texte de Paul, au contraire, viserait le cas d'une reconstruction. De là deux solutions différentes pour des cas différents[2]. Quoi qu'il en soit, en ce qui touche notre sujet, nous voyons que l'hypothèque subsiste.

Si l'hypothèque porte sur une *universitas*, elle ne s'éteindra qu'après la perte totale de cette *universitas*. Ainsi, si l'hypothèque porte sur un troupeau, elle frappe les bêtes prises dans leur ensemble, et non individuellement ; par conséquent, le renouvellement successif des têtes du troupeau laisse subsister l'*universitas* et l'hypothèque qui la grève[3].

L'anéantissement complet d'un immeuble est un fait exceptionnel. C'est surtout pour les meubles que la perte

1. L. 44, D. *de dam. inf.*, XXXIX, 2.
2. V. Machelard, *Texte de droit romain.* p. 188.
3. L. 13, D. *de pign.* XX, 1.

matérielle ou la transformation est importante. Mais
pour que l'hypothèque disparaisse, il faut une transformation ou une perte complète. Paul examine cette
hypothèse dans la loi 18 § 3. D. *de pign. act.*, XIII, 7.
Voici l'espèce prévue par le jurisconsulte : une forêt a
été hypothéquée ; puis on y coupe des arbres avec lesquels on construit un navire, ce navire est-il grevé de
l'hypothèque ?

Non, si au moment de la convention on n'a rien dit ;
oui, si on a inséré, à ce moment, une clause sur ce
point. La fin du texte semble indiquer que pareille
clause était pour ainsi dire devenue de style dans les
constitutions d'hypothèques portant sur des choses pro-
ductives de fruits ou facilement transformables.

CHAPITRE II

Nous venons de voir que l'hypothèque disparaît avec
le droit temporaire sur lequel elle portait, exemple :
l'usufruit ; mais nous avons ajouté que l'extinction de
l'hypothèque ne saurait dépendre du caprice de l'usufruitier.

Les mêmes principes s'appliquent quand le droit de
celui qui a constitué l'hypothèque est résolu. Ainsi, un
emphythéote manque à ses engagements, ne paie pas
sa redevance, la résolution du contrat amènera l'extinction des droits réels consentis sur le fonds par l'emphythéote : *resoluto jure dantis, resolvitur jus accipientis.*
Rien ne s'opposait en l'espèce, à cette limitation, car
l'emphythéote n'acquiert pas la propriété du fonds qui
reste au *dominus*. S'il a le droit de se comporter comme
dominus, c'est *utilitatis causâ*, grâce au droit prétorien.

Si ces solutions ont toujours été admises, il n'en est
plus de même, quand, la propriété de celui qui a constitué l'hypothèque étant soumise à la condition résolutoire, il s'agit de rechercher quel est l'effet de cette condition résolutoire.

Cette question présente un intérêt considérable : en effet, si on peut transférer la propriété *ad tempus*, l'aliénateur recouvrera sa propriété de plein droit, puisqu'il s'est dépouillé seulement *ad tempus*, et non pas *in perpetuum*. S'il s'agit d'un coéchangiste par exemple, il ne pourra donner sur la chose par lui acquise, plus de droits qu'il n'en a lui-même, par conséquent, tous droits réels, hypothèques, etc, constitués par lui disparaîtront au moment de l'arrivée de la condition résolutoire.

Les interprètes se sont divisés sur cette importante question[1].

Les uns ont soutenu que la propriété à Rome ne pouvait être transférée *ad tempus*, car le droit de propriété apparaissait aux Romains comme un droit absolu, perpétuel, non susceptible d'être limité dans sa durée. En conséquence, les hypothèques et tous autres droits réels consentis par l'acheteur, s'il s'agit d'une vente, ne seront pas éteints par l'arrivée du terme ou de la condition résolutoire, et si la propriété est retransférée au vendeur, ces droits réels seront opposables à ce dernier.

D'autres auteurs distinguent selon le mode employé pour l'aliénation ?

S'agit-il d'une aliénation consommée par la *mancipatio* ou l'*in jure cessio* : l'apposition d'une condition résolutoire rendrait nuls ces *actus legitimi*[2].

L'aliénation a-t-elle eu lieu par la tradition : en ce cas la jurisprudence romaine semble avoir une tendance générale à admettre la possibilité d'une résolution. Cette

1. Nous n'indiquons, bien entendu, que les éléments de la discussion, sans approfondir cette question qui nous entraînerait trop loin De l'opinion adoptée sur ce point dépendra la solution à donner sur la survie ou la disparition de l'hypothèque.

2. L. 77. D. *de reg. jur.* L, 17.

doctrine est exprimée par Scévola. **L. 31, D.** *de pign.*
XX, 1, et par deux constitutions : **LL. 1, 4, C.** *de pact.*
int. empt. **IV, 54**.

Nous préférons dire avec une troisième opinion que,
à l'origine, il est impossible de transférer la propriété *ad*
tempus, mais que, plus tard et peu à peu, on a fini par
admettre cette limitation. Marcellus le premier, entra
dans cette voie en décidant que les droits de gage et
d'hypothèque établis par l'acheteur seraient anéantis
par l'arrivée de la condition [1]. Ulpien étendit l'idée de
Marcellus à l'acheteur qui, la vente résolue, ne pourra
plus revendiquer [2]. Justinien généralisa et décida que
tous droits réels consentis par l'acheteur prendraient fin
quand la condition résolutoire s'accomplirait [3].

Les textes contiennent des décisions analogues à propos de l'*addictio in diem*. Cette clause consiste en ceci :
la vente sera résolue si le vendeur trouve des offres plus
avantageuses dans un certain délai. *Pendente conditione*,
l'acheteur consent des hypothèques, puis la condition se
réalise et ces hypothèques s'évanouissent [4].

Mais remarquons que ce même texte envisage une
autre hypothèse, celle où la vente sera résolue de plein
droit, si la chose déplaît à l'acheteur *nisi ei displicuisset*
pignus tunc non finitur, les hypothèques subsisteront parce que la condition résolutoire est alors potestative de
la part du débiteur.

Ailleurs, Ulpien, **L. 4,** *de in diem addict.*, prévoit un
autre cas de résolution : un débiteur qui a hypothéqué
un esclave par lui nouvellement acheté, rend cet esclave

1. L. 4, § 3, D. *de in diem*, XVIII, 2.
2. L. 41, pr., D. *de rei vindicat.*
3. L. 2. C. *de don. quæ sub modo*, VIII, 55.
4. L. 3, D. *quibus modis*, XX, 6.

pour un vice rédhibitoire. L'hypothèque subsistera sur le *servus* parce que la résolution dépend de l'acheteur. On en donne le même motif ; d'ailleurs l'acheteur de l'esclave pourrait exercer l'*actio quanti minoris*. Même idée dans la loi 43, § 8, D. XXI, 1.

Le principe dont nous venons de citer des applications devait sans doute être généralisé et il était vrai que le débiteur, par sa seule volonté, ne pouvait annihiler l'hypothèque qu'il avait consentie.

L'hypothèque peut-être consentie à terme, *ad tempus*, ou sous condition, *ad conditionem*.

L'arrivée du terme ou de la condition entraîne l'extinction de cette hypothèque. C'est ce que nous dit Ulpien L. 6, D. XX, 6, où nous voyons que cette extinction de l'hypothèque est assimilée à celle qui résulte du paiement ou d'une satisfaction analogue.

CHAPITRE III

DE L'ALIÉNATION DE LA CHOSE HYPOTHÉQUÉE.

La chose hypothéquée peut être aliénée :

1° Par le créancier ;

2° Par le débiteur ;

3° Par le fisc ;

4° Enfin il peut y avoir partage. Examinons ces quatre hypothèses.

I. *Vente par le créancier de la chose hypothéquée.* — La vente faite par le créancier hypothécaire premier en date éteint toutes autres hypothèques. C'était un immense avantage attribué au *prior creditor*, car tout acheteur paiera une chose d'autant plus cher qu'elle ne sera pas grevée d'hypothèques[1].

Le créancier postérieur, pour avoir ce droit dans sa plénitude, doit exercer le *jus offerendi*.

A quelles conditions le créancier peut-il vendre le bien hypothéqué ?

Dès que la dette est échue et non payée, le créancier dénonce au débiteur l'intention de vendre. Trois dénonciations étaient nécessaires dans l'ancien droit ; une seule suffit sous Justinien, sauf au cas où l'on était

1. LL. 6, 7, C. *de oblig.* IV, 10. — L. 6, C. *qui pot. in pign.* VIII, 18. L. 1, C. *si ant. cred*, VIII. 20.

convenu que la chose hypothéquée ne serait pas vendue, auquel cas il en fallait trois. Un délai de deux ans devait s'écouler entre la dénonciation et la vente[1].

Si le prix suffisait pour éteindre toutes les créances, tout était fini ; sinon, les créanciers non payés restaient créanciers personnels pour ce qui leur était dû. Ces règlements de compte pouvaient amener une liquidation hypothécaire compliquée, selon le nombre des créanciers hypothécaires, et le montant du prix, d'autant plus que le préteur, en organisant l'hypothèque n'avait pas eu à s'occuper de la vente de la chose hypothéquée. Cette vente ne s'est introduite que peu à peu et fut inconnue dans les premiers temps de l'hypothèque ; dans la formule hypothécaire, il n'en était pas question.

Comment se fait-il que la vente éteigne les hypothèques ? nous n'en voyons d'autre raison qu'un intérêt de crédit, celui de trouver acheteur ; il ne saurait être question de paiement, car peut-être le *prior creditor* lui-même n'est pas désintéressé.

Ce résultat se produisait-il *ipso jure* ou *exceptionis ope* ? L'intérêt de la question se présente au cas où la chose reviendrait plus tard entre les mains du débiteur : au premier cas, tout est fini ; au second, le créancier recouvre son hypothèque. Nous pensons que ce résultat se produit *exceptionis ope*, car ce n'est pas la vente, mais le paiement du prix qui éteint l'hypothèque[2].

En droit classique, le créancier pouvait convenir que, faute de paiement à l'échéance, la chose hypothéquée

---

1. L. 3, § 1, C. *de jure dom.*, VIII, 34. V. Jourdan., *op. cit.* p. 322; cet auteur prétend que le délai de deux ans doit courir dès la première dénonciation quand il y en a trois.

2. L. 8, § 7. D. *quibus modis*, XX, 6.

lui serait acquise, c'est la *lex commissoria*. Mais cette
clause fut prohibée par Constantin à cause de ses dangers.

De même, le créancier pouvait conserver la chose,
quand il n'en trouvait pas un prix raisonnable ; c'était
la *dominii impetratio*, par laquelle il demandait qu'on
le mette en possession des biens moyennant une juste
estimation. Justinien a légiféré sur cette *dominii impetratio ;* il a exigé du créancier une sommation au débiteur de payer et après un certain laps de temps, le créancier s'adresse à l'empereur pour avoir la chose en
propriété. L'empereur l'accorde, mais le débiteur peut
encore, pendant deux ans, exercer le retrait de sa chose
en payant sa dette au créancier. Passé ces deux ans, le
créancier devient propriétaire définitif.

II. *Vente par le débiteur du bien hypothéqué.* — En
principe, les hypothèques subsistent [1]. C'est la conséquence de la nature et des effets de l'hypothèque.

A ce principe, il est des exceptions :

1. Le bailleur a une hypothèque tacite sur les biens du
locataire de sa maison. Les esclaves qui habitent avec le
locataire dans cette maison sont soumis à cette hypothèque, et cependant ils peuvent être affranchis valablement, par conséquent, être libérés de l'hypothèque [2].

2. Un débiteur hypothèque tous ses biens présents et
à venir ; il peut affranchir les esclaves, sans doute par
faveur pour l'affranchissement, mais il ne pouvait pas
en affranchir, si l'hypothèque portait sur tels ou tels esclaves déterminés [3]. Toutefois, ceci ne s'applique pas

---

1. L. 18, § 2. D. *de pign. act.* XIII, 7. — LL. 12, 15, C. *de distract.
pign.* VIII, 14.
2. LL. 6, 9, D. *in quibus causis,* XX, 2.
3. L. 3, C. *de servo pign.,* VII. 8.

aux esclaves qu'un tuteur aurait achetés avec les deniers du pupille ; ces esclaves sont, comme tous les autres biens du tuteur, tacitement hypothéqués au profit
du pupille et ne peuvent être affranchis au détriment
de ce dernier [1].

3. Une hypothèque grève un fonds de commerce, et
par conséquent les marchandises en magasin ; la vente
de ces marchandises les purge de l'hypothèque, et inversement l'achat de marchandises les fait grever dès leur
entrée dans le magasin, parce que l'hypothèque grève
l'*universitas*, fonds, marchandises, le tout pris en bloc,
et non les marchandises prises séparément.

III. *Vente par le fisc.* — L'aliénation de la chose
d'autrui consentie par le fisc transfère la propriété à
l'acquéreur et purge les hypothèques qui grèvent la
chose, sauf recours des créanciers hypothécaires pendant 4 ans contre le fisc.

Cette disposition de Zénon [2], introduite dans un but fis-
cal, fut étendue par Justinien aux ventes de biens compo-
sant le trésor public de l'empereur et de l'impératrice [3].

IV. *Partage de la chose hypothéquée et adjudication
par l'arbiter familiæ erciscundæ ou communi dividendo.*
— Un bien est indivis entre plusieurs personnes ; l'une
d'elles consent une hypothèque sur sa part indivise. Survient un partage dans lequel l'*arbiter* adjuge une portion à chacun des copropriétaires ; que devient l'hypothèque ? Grèvera-t-elle tout entière la part revenant à
celui qui l'a constituée ou bien continuera-t-elle à grever la part adjugée à l'autre copartageant ?

Cela dépend de la nature du partage. Or, en droit

---

1. L. 6, C. VII, 8.
2. LL. 2, 3, C. *de quadr. præs.*, VII. 37.
3. L. 3, C. *eod tit.*

romain, le partage est un acte translatif de propriété ; les copartageants sont les ayants cause les uns des autres et chacun d'eux doit respecter les droits réels consentis pendant l'indivision par ses copropriétaires. Donc, l'hypothèque grèvera la part adjugée au copropriétaire de celui qui l'a constituée. Dès lors, chacun d'eux peut être évincé et exercer un recours contre les copartageants. C'était un grave inconvénient : Trebatius avait bien proposé de donner au partage un effet déclaratif, mais Labéon trouva cette doctrine inexacte [1].

Les jurisconsultes alors imaginèrent deux palliatifs : l'un, consistant à estimer, déduction faite du montant de la dette, le bien mis dans le lot de celui qui n'avait pas constitué l'hypothèque ; l'autre, par lequel le copartageant qui avait hypothéqué donnait à l'autre copartageant, s'il était évincé, le droit de vendre la portion indivise restée libre de la fraction déterminée adjugée à celui qui avait hypothéqué, si bien que le lot du copartageant, auteur de la constitution d'hypothèque, se trouvait grevé de deux hypothèques, celle qu'il avait constituée pendant l'indivision, et celle de l'autre copartageant. Mais, entre ces deux hypothèques, il n'y avait pas de conflit à redouter, chacune ayant son assiette propre, l'une portant sur la moitié indivise du lot dont il s'agit, l'autre sur la deuxième moitié indivise.

Ces remèdes étaient insuffisants avec un système hypothécaire occulte. Il fallait que les copropriétaires fissent connaître les hypothèques qu'ils avaient constituées. En outre, l'estimation, déduction faite de la dette, suppose indivis d'autres objets avec lesquels on puisse compléter le lot du copartageant qui exécutera l'obligation sans recours. Il est vrai que le juge peut compenser par

1. L. 31. D. *de usu et usuf.*, XXXIII, 2. — L. 7, § 4, D. *quibus modis.* XX, 6.

une soulte, mais celle-ci sera illusoire si le copartageant
qui a constitué l'hypothèque est insolvable. Le second
moyen n'évite pas les recours, au contraire, il a pour
but de les assurer. Il n'y avait d'autre remède réel que
le principe du partage déclaratif, qui, cependant, ne fut
proclamé que par nos anciens jurisconsultes français,
et non certes, sans une vive résistance.

CHAPITRE IV

DE LA CONFUSION.

Neque pignus rei suæ consistere potest, dit la loi 45, D. *de reg. juris*, L. 17 : nul ne peut avoir hypothèque sur sa propre chose.

Donc, quand un créancier hypothécaire devient propriétaire de la chose à lui hypothéquée, il se produit une confusion qui fait perdre le droit d'hypothèque.

D'ailleurs, l'action hypothécaire ne peut plus être intentée utilement. En effet, à quoi tend cette action ? à obtenir le délaissement du bien hypothéqué ; or, dans l'espèce, le délaissement est impossible.

Cette règle recevait dans la pratique des adoucissements, toutes les fois qu'elle eût entraîné des conséquences iniques :

1. Ainsi nous avons vu que l'acquéreur d'un immeuble hypothéqué, dont le prix de vente doit servir à désintéresser le *prior creditor*, est subrogé aux droits de celui qu'il a désintéressé. Il a une hypothèque sur sa propre chose et il peut l'invoquer contre les créanciers postérieurs ; ceux-ci ne pourront l'évincer qu'en lui remboursant ce qu'il a payé au *prior creditor* [1].

2. De même, le créancier premier en rang reçoit en

1. L. 17, D. *qui pot*, XX , 4.

paiement le bien hypothéqué ; il conserve la qualité de *prior creditor* à l'encontre des créanciers postérieurs ; ceux-ci ne peuvent exercer l'action hypothécaire qu'après remboursement du montant de sa créance [1].

3. Paul reconnaît bien le principe, et cependant il décide le maintien de la créance hypothécaire dans l'espèce suivante [2] : Un héritier, Mœvius, devient propriétaire d'une chose hypothéquée autrefois à son auteur : il ignore son hypothèque et il n'y a pas eu paiement. Titius, un autre créancier hypothécaire, mais d'un rang inférieur, le poursuit et triomphe. Puis, Mœvius découvre son hypothèque ; peut-il agir contre Titius ? Paul constate d'abord que Titius ne pourra pas opposer la chose jugée, parce que le juge a pu reconnaître l'hypothèque de Titius, sans nier que Mœvius en ait une préférable : deux hypothèques peuvent coexister sur le même bien. Seulement, il faut remarquer que Mœvius est devenu propriétaire de la chose hypothéquée ; l'hypothèque n'est-elle pas éteinte par confusion ? Non, répond le jurisconsulte, *verum est enim et pignori datum et satisfactum non esse*. Il n'y a ni paiement ni satisfaction.

De ces solutions, il résulte que la confusion, en notre matière, paralyse plutôt l'hypothèque qu'elle ne l'éteint ; le temps que dure l'acquisition, l'hypothèque sommeille. Cette acquisition vient-elle à être menacée de révocation par un fait indépendant de l'acquéreur, alors elle se réveille, et le créancier peut s'en prévaloir [3].

---

1. L. 1. C. *si ant. credit*, VIII, 20.
2. L. 30, § 1, D. *de except. rei judicat*, XLIV, 2.
3. Pothier, *Hypothèques*, ch. III, § 2.

CHAPITRE V

DE LA RENONCIATION A L'HYPOTHÈQUE

Le principe que tous droits pécuniaires s'éteignent par la renonciation du créancier s'applique à l'hypothèque : le créancier peut renoncer à son hypothèque, et le fait était fréquent, à en juger par l'importance attachée à ces renonciations dans le titre du Digeste : *quibus modis pignus vel hypotheca solvitur.*

Cette faculté de renoncer s'explique d'autant mieux que l'hypothèque n'est qu'un accessoire et que la renonciation laisse survivre la créance qui, alors, n'est plus garantie que par l'action personnelle.

La renonciation à l'hypothèque peut être expresse ou tacite : nous examinerons ces deux hypothèses, et, dans un appendice, nous dirons quelques mots de la renonciation de la femme mariée aux sûretés qui garantissent la restitution de sa dot.

A. *Renonciation expresse.* — Elle éteint l'hypothèque [1]. Elle peut être totale ou partielle, le créancier pouvant ne libérer qu'une partie indivise du fonds hypothéqué. Pour déterminer la portée de la renonciation, on se reportera aux termes de la convention [2]. Dans le doute, on suivra une interprétation restrictive.

1. L. 5 pr. D. *quib. modis*, XX, 6.
2. L. 8, § 3, D. *eod. tit.*

Une renonciation unilatérale suffit-elle ou faut-il qu'elle soit acceptée par celui qui doit en profiter ?

Certains auteurs se contentent d'une renonciation unilatérale ; un abandon pur et simple de la part du créancier suffirait pour éteindre l'hypothèque comme tout autre droit réel. Il en serait autrement s'il s'agissait de renoncer à des droits personnels : alors il faudrait le consentement des deux parties.

D'autres, avec raison, ce nous semble, exigent que la renonciation soit acceptée par celui qui doit en profiter. En ce sens, il est un texte formel : la loi 2. C. *de remissione pign. VIII*, 26, ainsi conçue : *et obligatio pignoris consensû et contrahitur et dissolvitur*. D'ailleurs, il paraît bien que le droit romain ne considère pas la renonciation pure et simple comme un mode d'extinction des droits ; ainsi le legs de libération n'éteint pas la dette de plein droit, car les obligations ne s'éteignent que par des modes déterminés, parmi lesquels la loi n'a pas placé la simple volonté du créancier. Pareil legs ne donne au débiteur que le droit de paralyser par l'*exceptio doli mali* la poursuite de l'héritier, ou d'intenter l'*actio ex testamento* pour obtenir la libération. Il en était certainement ainsi de la renonciation à l'hypothèque faite par testament[1].

En tout cas, une renonciation valablement faite profite non seulement au débiteur, mais encore à tout détenteur de la chose naguère grevée de l'hypothèque[2].

Qui peut renoncer à l'hypothèque ? Toute personne capable ; ainsi, un pupille ne pourra renoncer à son hypothèque qu'avec l'*auctoritas* de son tuteur[3] ; le fils de

1. Jourdan, *De l'hypothèque*, p. 665 et suiv.
2. L. 8, § 3, D. *quibus modis*, XX, 6.
3. L. 7, pr. D. *eod. tit.*

famille, l'esclave, qui administrent librement leur pé-
cule, ne peuvent renoncer qu'à titre onéreux[1]. Quant à
la femme, nous examinerons la question à part.

La renonciation à l'hypothèque peut intervenir non
seulement entre le créancier et le débiteur, mais encore
entre le créancier et le *procurator* du débiteur, ou entre
le débiteur et le *procurator* du créancier.

Lorsque c'est le *procurator* du créancier qui renonce
à l'hypothèque, cette renonciation sera valable s'il s'agit
d'un *procurator in rem suam*; et s'il s'agit d'un *procurator* ordinaire, la renonciation ne vaudra que s'il a reçu
mandat spécial de renoncer à l'hypothèque, ou si, ayant
reçu un mandat général, cette renonciation avait le caractère d'un acte d'administration[2].

Le créancier peut renoncer à l'hypothèque entre les
mains d'un *procurator* du débiteur; en ce cas, la renonciation est valable si ce *procurator* est *in rem suam*[3]. Si
c'est un *procurator* ordinaire, le débiteur peut invoquer
la renonciation au moyen de l'*exceptio pacti conventi* si
le *procurator* est son fils ou son esclave, ou bien au
moyen de l'*exceptio doli mali*, si le *procurator* est un
étranger[4].

Remarquons que le créancier peut renoncer à son
hypothèque sous condition, par exemple sous la condition qu'on lui fournira un fidéjusseur. Alors, dès le moment où ce dernier se sera obligé, l'hypothèque s'éteindra : il y a *satisfactio*, disent les textes[5].

B. *Renonciation tacite.* — Celle-ci est de beaucoup la

1. L. 8, § 5, D. *quibus modis*, XX, 6.
2. LL. 7 § 1, 8 §§ 2, 5, D. *eod. tit.*
3. L. 8, § 2, D. *eod. tit.*
4. L. 7, § 2, D. *eod. tit.*
5. LL. 5, § 2; 14, D. *eod tit.*

plus importante, car elle est très pratique : la renonciation, en effet, résulte beaucoup moins de la volonté expresse des parties que de certains faits qui impliquent leur volonté tacite.

Examinons quelques hypothèses :

1. On discute le point de savoir si le fait de recevoir un fidéjusseur implique renonciation à l'hypothèque. Ulpien répond négativement dans la loi 6, § 2, D. XX, 6, mais il mentionne l'opinion contraire d'Atilicinus. Pour nous, il nous semble qu'il n'y a point de renonciation tacite ; on ne peut objecter la loi 14, *cod. tit.*, car, dans l'hypothèse qu'elle prévoit, on était convenu que les hypothèques dureraient jusqu'à ce que le créancier ait reçu paiement ou une satisfaction analogue.

2. Le créancier fait remise de la dette ; il y a remise de l'hypothèque, par cela même, renonciation. Mais la remise de dette est une donation, comme telle, elle est soumise à la loi Cincia, à l'insinuation, et prohibée entre époux. Il peut donc arriver qu'une remise de dette soit nulle pour l'une de ces causes : cette nullité atteindra-t-elle la renonciation à l'hypothèque? Nullement; celle-ci n'est pas considérée comme une donation, une libéralité faite au débiteur : il n'y a ni enrichissement d'une part, ni appauvrissement de l'autre ; le débiteur reste toujours débiteur et le créancier ne diminue pas son patrimoine ; il abandonne une sûreté, voilà tout[1]. La renonciation à l'hypothèque tiendra donc toujours, pourvu bien entendu que le créancier renonçant ne soit pas incapable d'avoir une volonté[2].

3. Le créancier permet au débiteur d'hypothéquer la chose au profit d'un autre créancier ; selon Paul, l'hypo-

1. L. 18. D. XLII, 8.
2. L. 1. § 1 D. *quibus modis.*, XX, 6.

thèque du renonçant est éteinte, et son extinction profite à tous les créanciers intermédiaires entre le renonçant et le bénéficiaire de la renonciation [1]. Marcien dit au contraire qu'il faut se reporter à l'intention des parties pour savoir si l'hypothèque est définitivement éteinte ou si elle passe à un second rang [2].

4. Le cas le plus important de renonciation tacite, c'est le consentement donné par le créancier à la vente de la chose hypothéquée.

Nous avons vu que cette aliénation opérée sans le consentement du créancier ne nuisait point aux droits de ce dernier qui peut suivre le bien hypothéqué entre les mains des tiers détenteurs.

Mais si le créancier consent à l'aliénation sans réserver ses droits hypothécaires, on présume que ce consentement, inutile pour la validité de l'aliénation, n'a d'autre but que de dégrever le bien de l'hypothèque : *creditor qui permittit rem venire pignus amittit* [3]. Peu importe que cette aliénation s'opère sous forme de vente, d'échange, de legs ou de donation [4].

Ce consentement peut être exprès ou tacite ; on l'induisait de certains faits tels que l'apposition de la signature du créancier à l'acte de vente [5].

Cependant, il faut remarquer que le défaut d'opposition à l'aliénation de la part du créancier hypothécaire n'entraînait pas en principe l'extinction de son hypothèque [6] ; *non videtur autem consensisse si sciente eo debitor*

---

1. LL. 9. § 1 ; 12, D. *eod tit.*
2. L. 12 § 4. D. *qui pot.* XX, 4.
3. L. 138. D. *de reg. jur.* L, 17.
4. L. 4. § 1. D. *quib. modis.*, XX, 6.
5. L. 8. § 15. D. *eod tit.*
6. L. 8. § 15, *eod. tit.*

vendiderit, et le jurisconsulte en donne cette raison : *quod sciebat ubique pignus sibi durare.*

Il y avait deux exceptions à cette règle :

1. D'après une constitution de Dioclétien et de Maximien, si lors de la *distractio* d'un fonds, les créanciers présents, *programmate admoniti, jus suum executi non sunt*, ils sont censés avoir renoncé à leurs droits hypo-thécaires [1].

2. De même, si un esclave hypothéqué est affranchi par le débiteur au su du créancier, l'affranchissement est considéré comme valable, quand un certain temps s'est écoulé sans protestation [2].

Comme dans la renonciation expresse, le créancier peut imposer au débiteur ses conditions. Si celles-ci ne sont pas remplies, l'hypothèque subsistera.

Voici quelques applications de cette idée :

Le débiteur a été autorisé à vendre le bien hypothéqué. Au lieu de le vendre, il en fait donation. L'hypothèque est-elle éteinte ? Elle subsistera ou non, suivant que le créancier avait ou non espéré être payé sur le prix de la vente autorisée par lui [3].

Le débiteur a-t-il vendu alors que le créancier lui avait permis de donner ? La vente éteindra l'hypothèque, parce que celui qui peut donner peut *a fortiori* vendre, à moins que le créancier ne prouve qu'il avait permis de donner en considération de la personne du donataire [4].

Si le créancier a permis la vente moyennant un prix

---

1. LL. 6, 8, C. *de rem. pign.* VIII, 26.
2. L. 1. C. *eod. tit.*
3. L. 8. § 13. D. *quibus modis*, XX, 6.
4. L. 163. D. *de reg. jur.* L, 17.

de 10 et que la vente ait lieu pour 5, le créancier ne sera pas censé avoir renoncé à son hypothèque [1].

Inversement, le débiteur vend pour un prix supérieur à celui fixé par le créancier ; la vente entraînera l'extinction de l'hypothèque.

Si la vente n'a pas lieu dans le délai imparti par le créancier, celui-ci conserve son hypothèque [2].

Dès que la vente autorisée a lieu aux conditions imposées, l'hypothèque disparaît, la chose vendue ne fût-elle pas encore livrée à l'acheteur [3]. En effet, la vente se forme dès le moment où les parties sont d'accord sur la chose et sur le prix avec l'intention arrêtée de s'obliger réciproquement ; la vente est *perfecta*. Que le créancier ne vienne pas dire que l'acheteur n'est pas disposé à payer son prix ; qu'importe ? Tout ce qui en résulte, c'est que le vendeur a le droit de rétention ; mais il doit tenir la chose à la disposition de l'acheteur, lorsque ce dernier voudra s'exécuter.

Si la vente est annulée, l'hypothèque renaît avec toute sa force [4]. Si elle est simulée, destinée seulement à libérer la chose entre les mains du débiteur par un consentement surpris à la bonne foi du créancier, l'hypothèque sera maintenue [5]. Il en serait de même encore au cas où le vendeur et l'acheteur se désisteraient ultérieurement de la vente, ou si le vendeur, poursuivi par l'acheteur, avait préféré garder la chose et se laisser condamner *in id quanti interest* [6].

Il peut arriver que, la vente étant toujours mainte-

1. L. 8. § 14. D. *quibus modis*. XX, 6.
2. L. 8. § 18, D. *eod. tit.*
3. L. 8, § 12, D. *eod. tit.*
4. LL. 8. § 6 ; 4. § 2 ; 10, pr. D. *eod. tit.*
5. L. 8, § 15. D. *eod. tit.*
6. L. 10. *pr.* D. *eod. tit.*

nue, le débiteur soit redevenu propriétaire, en vertu
d'un titre nouvel, de la chose aliénée jadis avec le consentement du créancier ; l'hypothèque renaîtra-t-elle au
profit de ce dernier ?

Assurément, elle ne revivra pas au préjudice des
tiers ayants cause de l'acheteur primitif ; mais contre
le débiteur ou ses ayants cause à titre universel, *quid ?*
Le créancier pourra intenter avec succès son action hypothécaire, si son consentement à l'aliénation a été
extorqué par des manœuvres dolosives de la part du
débiteur et opposera une réplique de dol à l'*exceptio
remissi pignoris* opposée par le débiteur. S'il n'y a pas
eu de dol, il est juste de décider que l'acquisition nouvelle faite par le débiteur ne fera point revivre contre
lui une hypothèque éteinte.

Il est vrai que Marcien, supposant un débiteur qui,
après avoir aliéné, du consentement du créancier, un
bien grevé d'une hypothèque spéciale, en recouvre la
possession, semble dire d'une manière générale que
l'hypothèque renaît. Mais il faut observer que ce texte
parle d'un consentement obtenu par dol, *doli mali sus-
picio inerit, cum dolus in re versaretur*. En admettant
même que l'opinion de Marcien soit absolue dans le
sens de la renaissance de l'hypothèque, il n'en est pas
moins vrai qu'elle n'a pas prévalu, car Justinien déclare
formellement [1] que l'hypothèque, une fois éteinte, ne
revit plus. Voici l'espèce qu'il prévoit : un débiteur
vend, avec le consentement du créancier, des biens
grevés d'une hypothèque générale : il y a renonciation
à l'hypothèque ; puis le débiteur rentre en possession
de ce bien, l'hypothèque revit-elle ? Justinien nous indique qu'il y avait eu controverse : les uns disaient oui,

1. L. 11. C. *de remiss. pign.*, VIII, 26.

car la chose recouvrée est une *res futura,* comme telle,
soumise à l'hypothèque générale ; les autres disaient
non et Justinien est de leur avis pour ce motif : *nobis
autem visum est eum qui semel consensit alienationi hy-
pothecæ, et hoc modo suum jus respuit, indignum esse
eam rem utpote ab initio et suppositam vindicare vel te-
nentem inquietare.* Cette raison s'applique aussi bien
au cas où la chose aliénée est grevée d'une hypothèque
spéciale qu'à celui où elle est grevée d'une hypothèque
générale, et même, si la solution de Justinien était déjà
soutenue avant lui quand il s'agissait de la renonciation à une hypothèque générale, il y a un *a fortiori* pour
qu'elle ait été admise pour la renonciation à une hypothèque spéciale, car on ne peut plus dire en pareil cas
que la chose recouvrée est une *res futura,* et comme
telle, soumise à l'hypothèque générale. On admettait
probablement que l'hypothèque alors ne renaissait pas,
et s'il y avait eu des dissidences sur ce point, Justinien aurait tranché la controverse.

Une dernière question se pose ; c'est celle de savoir
si la renonciation opère *ipso jure* ou *exceptionis ope.*

On pourrait croire, de prime abord, qu'elle opère
ipso jure ; l'hypothèque qui s'établit par un simple pacte
ne s'éteint-elle-pas *ipso jure* par un pacte ? n'est-ce pas
la règle commune : *obligationes quæ consensû contrahun-
tur contrariâ voluntate dissolvuntur ?* Certaines expressions des textes semblent confirmer cette idée : ainsi
nous voyons que, par la renonciation, *res pignori desiit ;*
que le débiteur peut réclamer sa chose par l'*actio pignoratitia directa*[1].

Cependant nous préférons nous rallier à l'opinion inverse qui était celle de Cujas, et qui s'appuie sur un

1. L. 7. *pr.* D. *quibus modis,* XX, 6.

texte formel, la loi 17, § 2, D. *de pactis*, 11, 14 : *De pignore jure honorario nascitur pacto actio, tollitur autem per exceptionem, quotiens paciscor ne petam.* Paul nous dit que la renonciation à l'hypothèque opère *exceptionis ope.* Un simple pacte suffit, en vertu du droit prétorien, pour engendrer l'action hypothécaire ; celle-ci sera éteinte *exceptionis ope,* toutes les fois que le créancier fera avec le débiteur un pacte de *non petendo.* Nous voyons d'ailleurs dans plusieurs textes, le débiteur se prévaloir de la renonciation par l'*exceptio pacti conventi* ou *remissi pignoris* contre l'action hypothécaire [1].

Toutefois, faisons une réserve : nous avons supposé une renonciation gratuite de la part du créancier. Si elle avait lieu à titre onéreux, nous sommes portés à penser qu'alors la renonciation opère *ipso jure :* la loi de Paul n'est point contraire, car elle suppose un pacte de *non petendo* intervenu entre le créancier et le débiteur. N'est-ce pas conforme aux principes ? Le débiteur qui a fourni au créancier renonçant une compensation, comme, par exemple, une autre sûreté, ou de l'argent, peut parfaitement prétendre qu'au point de vue de l'hypothèque, il a donné satisfaction au créancier et qu'alors l'hypothèque est éteinte.

---

1. L. 8, § 2, *de pactis.* D. II, 14. — L. 7, § 2, D. *quibus modis,* XX, 6.

APPENDICE

RENONCIATION DE LA FEMME MARIÉE AUX SURETÉS GARANTISSANT
LA RESTITUTION DE SA DOT.

Les sûretés accordées à la femme mariée pour la restitution de sa dot ont varié avec les époques.

A l'origine la dot devenait la propriété du mari, et la femme n'avait qu'un simple *privilegium dotis*, c'est-à-dire le droit d'être préférée, sur tous les biens du mari, aux créanciers chirographaires de ce dernier[1]; mais elle venait après les créanciers hypothécaires. Du reste, le mari pouvait constituer sur ses biens, au profit de la femme, une hypothèque dont le rang dépendait de la date de sa constitution.

Ceci dura jusqu'à Justinien qui augmenta les garanties accordées à la femme mariée.

En 529, cet empereur donne à la femme une hypothèque privilégiée sur les biens dotaux, et laisse subsister le *privilegium* de la femme sur les autres biens du mari[2].

En 530, il tranforme le *privilegium dotis* portant sur les biens du mari autres que ceux à lui apportés par sa femme, en une simple hypothèque prenant rang au jour de la célébration du mariage[3].

1. L. 74. D. *de jure dotium*, XXIII, 3
2. L. 30. C. *de jure dotium*, V, 12.
3. L. un. § 7. C. *de rei uxoriæ*, V, 13.

Enfin, par la loi Assiduis, de l'année 531, Justinien transforme cette hypothèque simple en une hypothèque privilégiée, en vertu de laquelle la femme prime tous les créanciers hypothécaires, même ceux antérieurs à la célébration du mariage.

La femme mariée pouvait-elle valablement renoncer à ces diverses sûretés ?

Quant au *privilegium*, la femme ne peut pas y renoncer, parce qu'il était fondé sur l'intérêt public [1]; elle ne pouvait y renoncer qu'à la dissolution du mariage [2].

Si elle a stipulé du mari une hypothèque conventionnelle, nul doute qu'elle pût y renoncer au profit de son mari [3]; en effet, la remise d'un gage n'est pas une *intercessio*, le renonçant ne s'oblige pas. Mais si la femme renonce au profit d'un tiers qui traite avec le mari, et sous la réserve d'exercer ses droits hypothécaires lorsque ce tiers serait désintéressé, y a-t-il une *intercessio* tombant sous l'application du Velléien et la femme pourra-t-elle se prévaloir de l'exception de ce sénatus-consulte ?

Africain répond dans la loi 17 § 1, D. XVI, 1 : il suppose qu'un mari, après la dissolution du mariage, est débiteur envers sa femme de deux créances : l'une, à raison de la dot, et l'autre, à raison d'un prêt, toutes deux garanties par hypothèque sur un même bien. Ensuite, le mari emprunte une somme d'argent à un tiers qui demande une hypothèque sur ce même bien : la femme intervient à cet acte d'emprunt et ne déclare que sa créance dotale, sans parler du remboursement de la deuxième créance. Le tiers emploie l'argent qu'il prête

1. L. 2. D. *de jure dotium*, XXIII, 3
2. Argt. L. 29. D. *de novatio*, XLVI, 2
3. L. 8. *pr.* ad. Snc Vell., D. XVI, 1.

à désintéresser la femme quant à sa dot. Il en résulte que la femme consent tacitement à ne pas se prévaloir de l'hypothèque garantissant sa créance dotale.

Plus tard, la femme intente l'action hypothécaire contre le tiers, car elle a une seconde hypothèque qui prime celle du tiers. Le défendeur lui oppose l'*exceptio remissi pignoris* et dit que la femme, en consentant à la dernière constitution d'hypothèque, a renoncé à la sienne. La femme pourra-t-elle répliquer, en invoquant le Velléien? Oui, répond Africain, si le tiers a connu la seconde hypothèque : non, dans le cas contraire : le Velléien s'appliquera donc, à moins que le tiers n'ait été de bonne foi.

Ainsi, la femme qui renonce au profit de son mari à l'hypothèque conventionnelle, renonce valablement ; il en est autrement de la femme qui renonce en faveur d'un tiers. Cette différence semble peu explicable ; cependant, si on remarque que le Velléien part de cette idée que les actes qui ont des effets actuels et immédiats sont moins dangereux et se consentent moins facilement que ceux qui ne produiront leurs effets que dans un avenir plus ou moins lointain, il faut bien reconnaître que la femme qui renonce en faveur de son mari se rend compte plus aisément de la portée de cet acte, qu'elle sait ce qu'elle fait, tandis que « quand elle renonce à la priorité en faveur de tel ou » tel créancier, elle peut se faire illusion et croire » qu'elle n'éprouvera aucun préjudice, parce que le » gage lui sera encore une garantie suffisante même » après avoir servi à désintéresser ce créancier [1] ».

Du reste, cette distinction fut supprimée par Anas-

1. Dubois. *Condition de la femme*, § 13, p. 45 et s.

tase qui permet toute renonciation faite d'une façon
spéciale, parce qu'alors la femme se rend compte du sa-
crifice qu'elle fait [1].

En ce qui touche l'hypothèque privilégiée sur les
biens dotaux, il est défendu d'y renoncer, soit au profit du mari, soit au profit d'un tiers, du moins en tant
qu'il s'agit d'immeubles. Cette prohibition fait disparaître les opérations qui étaient encore permises à l'époque
classique, signalées dans les textes par les termes *per-
mutatis dotis ex re (fundo) in pecuniam* [2].

Justinien ne restreint la liberté des renonciations
qu'en ce qui concerne les immeubles dotaux, donc la
constitution d'Anastase subsiste toujours, et la femme
peut renoncer à l'hypothèque simple qu'elle a sur les
autres biens du mari [3].

Quant aux meubles dotaux, la femme pourrait-elle
renoncer à son hypothèque privilégiée? La loi 1 § 15, C.
V, 13, semble répondre négativement; cependant nous
penchons vers l'affirmative. En effet, les meubles dotaux, même non estimés, sont aussi aliénables que les
immeubles estimés: la femme peut renoncer quand
l'immeuble est estimé, pourquoi n'en serait-il pas de
même des meubles même non estimés? La loi semble
bien rattacher à l'inaliénabilité des biens dotaux, la
prohibition de renoncer à l'hypothèque.

La femme pourra donc renoncer à l'hypothèque
tacite qu'elle a sur les meubles et les immeubles estimés
qui composent la dot. C'est un des intérêts de la distinction de la dot mobilière et de la dot immobilière.

1. L. 21. C. IV, *ad. snc. Vell.* 29.
2. L. un. C. *de rei uxoriæ* V, 13.
3. Par fonds dotal ; il faut entendre le fonds constitué en dot sans
estimation ; s'il a été estimé, il est aliénable, car il est dans le patrimoine du mari ; estimation vaut vente, alors la femme peut renoncer
à son hypothèque sur le *fundus æstimatus*.

CHAPITRE VI

DE LA PRESCRIPTION DE L'HYPOTHÈQUE.

Nous avons vu comment, la chose étant restée entre les mains du débiteur ou de ses héritiers, l'action hypothécaire survit pendant dix ans à l'action personnelle.

Le point de vue auquel nous nous plaçons maintenant est tout autre : la chose hypothéquée est entre les mains d'un tiers détenteur, ce dernier est exposé à l'action hypothécaire ; quand celle-ci sera-t-elle prescrite à son égard ?

Ici, nous trouvons des variations dans le droit selon les époques.

Primitivement, la propriété des meubles se perdait par l'usucapion d'un an, celle des immeubles par l'usucapion de deux ans ; mais cette usucapion respectait les droits du créancier hypothécaire : l'acquéreur du bien hypothéqué ne l'acquérait que grevé des charges réelles qui le frappaient : *pignoris etenim causam nec usucapione perimi placuit* [1]. On peut en donner plusieurs motifs :

1. D'abord, la prétention de l'usucapant d'avoir le *dominium* n'est pas incompatible avec l'existence d'une hypothèque.

[1] L. 1, § 2, D. *de pign. et hyp.*, XX, 1.

2. Ensuite, l'aliénation *a domino* d'une chose hypothéquée n'empêche pas l'exercice de l'action hypothécaire ; pourquoi donner à celui qui acquiert *a non domino* une situation meilleure ?

3. On comprend sans peine que le propriétaire qui
laisse l'usucapion s'accomplir contre lui soit déchu de
son droit de propriété. Il est négligent de ne pas s'inquiéter de savoir qui possède, tandis que, dans notre cas,
il s'agit d'un créancier hypothécaire qui ne peut se faire
mettre en possession de la chose hypothéquée avant
l'échéance de la dette ; étranger à cette possession, il n'a
pas à s'inquiéter de savoir qui possède. On ne peut donc
lui reprocher de n'avoir pas fait obstacle à la possession : le contraire eût entraîné une injustice d'autant plus
grande que les délais de l'usucapion étaient très courts.

L'hypothèque subsistant malgré l'usucapion, cela
pouvait être très nuisible au tiers détenteur qui avait
prescrit la propriété ; aussi le droit prétorien étendit le
bénéfice de la *præscriptio longi temporis* au tiers détenteur avec des différences que nous allons examiner
selon que ce dernier était de bonne ou de mauvaise foi.

A. Tiers détenteur de bonne foi. — Il pourra repousser
l'action hypothécaire, s'il a possédé pendant dix ou vingt
ans, suivant que le créancier hypothécaire habite ou
non la même province que lui, et s'il a été de bonne
foi lors de son entrée en possession[1].

S'il y a plusieurs créanciers hypothécaires, le délai
des prescriptions se compte séparément pour chacun
d'eux.

A l'époque classique donc, la propriété s'acquérait
par un acte translatif *a domino* ou par la possession
d'un ou deux ans mais la liberté de cette propriété

---

1. L. 7. C. *de oblig. act.* IV, 10. — LL. 1, 2, C. *si, ad, credit.* VII, 36.

ne s'acquérait que par une possession de dix à vingt ans, et seulement vis-à-vis des hypothèques dont l'existence avait été inconnue du possesseur lors de son acquisition.

Sous Justinien, les délais de la prescription de la propriété et de la prescription de l'hypothèque sont identiques : dix ans entre présents, vingt ans entre absents. Cependant il peut arriver que la prescription de la propriété d'un immeuble soit accomplie, sans que celle des hypothèques le soit également. Ainsi dix ans suffisent parce que le propriétaire est domicilié dans la même province que le possesseur, tandis qu'il faudra vingt ans à l'égard du créancier hypothécaire, ou bien il y a des causes de suspension en faveur du créancier hypothécaire, comme la minorité, qui n'existent pas au profit du propriétaire ; alors la propriété du fonds sera acquise avant que celui-ci ne soit dégrevé des hypothèques. En sens inverse, le propriétaire est absent, le créancier hypothécaire présent, la propriété ne sera acquise qu'après vingt ans, et l'hypothèque sera prescrite par dix ans [1]. Nous avons ainsi deux prescriptions ayant des objets divers, dont la marche est parallèle sans se confondre ; l'une vise l'acquisition de la propriété, l'autre, la libération des hypothèques.

Justinien décida que le délai de la prescription pour les meubles serait de trois ans et non plus d'un an ; l'action hypothécaire se prescrivit-elle alors par trois ans ou dix a vingt ans ?

Cujas a soutenu que les délais de prescription de l'action hypothécaire et de la propriété étaient corrélatifs ; dès lors, pour les meubles, l'hypothèque se prescrirait par trois ans, d'autant plus que la loi 1 C. *de usucap.*,

1. L. 2. C. *Si adv. cred.* VII, 36. — L. 12. C. VII, 33.

VII, 31, dit que celui qui possède de bonne foi un meuble pendant trois ans, le possède *firmo jure*, ce qui signifie libre de toute hypothèque.

Ceci nous semble douteux : d'abord les mots *firmo jure* peuvent fort bien s'entendre du droit de propriété seul. Les textes ne contiennent aucune disposition à cet égard et il n'y aurait rien d'étonnant, d'ailleurs, à ce que l'hypothèque continuât à se prescrire par dix à vingt ans, alors que la propriété était acquise par trois ans de possession, puisque les délais exigés pour arriver à ces deux résultats étaient déjà différents avant Justinien.

B. Tiers détenteur de mauvaise foi. — Reste-t-il soumis à l'action hypothécaire ?

A l'origine, il reste exposé à cette action aussi longtemps que le débiteur lui-même.

Cette situation dura jusqu'à la constitution de Théodose le Jeune [1] qui déclara que l'action hypothécaire contre le tiers détenteur durerait trente ans. Mais si le bien passe entre les mains d'un tiers qui ne peut lui-même invoquer la prescription, le créancier recouvre son action hypothécaire contre lui [2].

Quel est le point de départ de la prescription? Dès que le tiers est mis en possession, il prescrit le *dominium* et l'hypothèque, et cela que la créance soit pure et simple, à terme ou conditionnelle. Sans doute, la prescription ne peut, en principe, commencer que si l'action est née, à l'échéance par conséquent. Mais, dans l'espèce, l'action hypothécaire est fondée dès la mise en possession du tiers. Il y a péril en la demeure pour le créancier : c'est à lui d'agir, d'interrompre la prescription.

1. L. 3. C. *de præscript.* VII, 39.
2. L. 8. § 1. C. *de præscript.*, VII, 39

Voilà pour la prescription de dix à vingt ans ; s'il s'agit de la prescription trentenaire, elle ne commence à courir que du jour où le terme est arrivé ou la condition accomplie [1].

1. L. 7, § 4, C. *eod. tit.*, VII, 39.

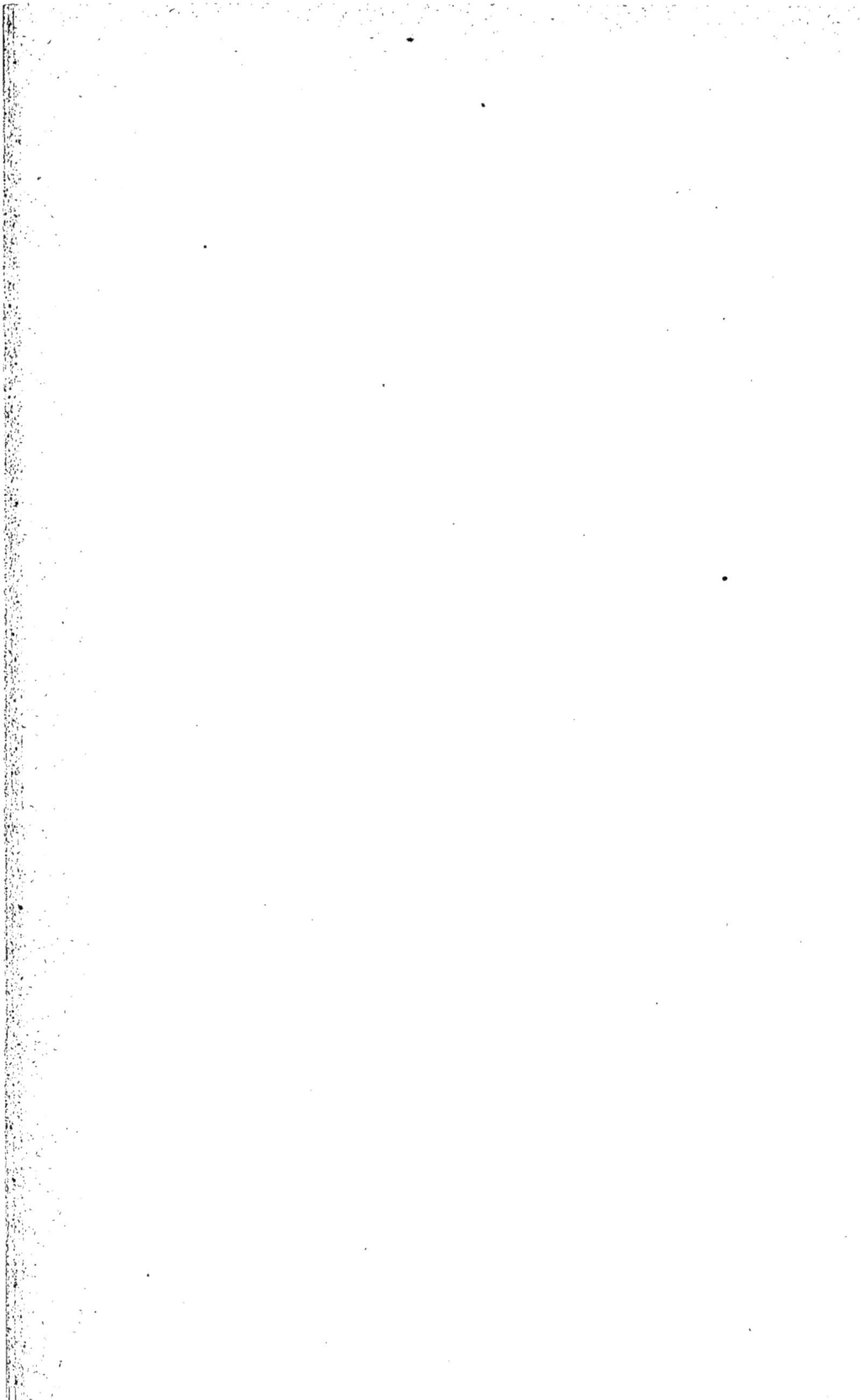

DU RENOUVELLEMENT DES INSCRIPTIONS

DES

PRIVILÈGES ET DES HYPOTHÈQUES

INTRODUCTION

HISTORIQUE. — UTILITÉ DU RENOUVELLEMENT DÉCENNAL

Notre système hypothécaire actuel repose sur la publicité, principe fondamental dont nul aujourd'hui ne conteste la nécessité, et cependant il faut attendre jusqu'à la Révolution française pour voir réellement la publicité des hypothèques inscrites dans nos lois.

Si, laissant de côté le droit romain qui pratiqua la clandestinité et la généralité de l'hypothèque, nous jetons un coup d'œil rapide sur notre droit coutumier, nous remarquons que la majeure partie de la France est soumise à la tradition romaine : ce sont les pays du Midi, tandis que les pays du Nord résistent davantage à la loi romaine et suivent les coutumes germaniques. Dans ces derniers pays, ou pays coutumiers, nous trouvons généralement des formalités qui constituent une publicité plus ou moins parfaite, formalités varia-

bles selon les lieux. Ainsi, dans les coutumes de Pé-
ronne, de Ponthieu, de Rheims, de Laon, c'est le nantissement ; à Senlis, c'est l'ensaisinement ; en Artois,
le rapport d'héritage, ou la mise de fait, ou bien la
main assise du comte d'Artois ; en Bretagne, on suit le
système des appropriances.

Mais c'était une publicité informe, très diversifiée, et
d'autant plus incomplète qu'elle n'atteignait pas toutes
les hypothèques. En effet, l'article 9 de l'ordonnance de
1539 et la déclaration du 15 juillet 1566 attribuaient
hypothèque générale et sans aucun enregistrement, à
toute convention passée devant notaire et aux jugements portant condamnation ou reconnaissance d'une
dette.

Aussi voyons-nous le pouvoir royal, dès qu'il s'est af-
fermi, tenter d'unifier la législation et d'établir un système général de publicité.

Le premier essai remonte à Henri III. Ce prince, par
un édit de juin 1581, origine de l'enregistrement, or-
donna que tout contrat contenant vente, transport ou
obligation de 5 écus, tout testament, tout décret fût con-
trôlé et enregistré sur un registre spécial, faute de
quoi on n'acquerrait point de droit de propriété ou
d'hypothèque sur les héritages. Mais ceux qui étaient
intéressés à l'abolition de cet édit affectèrent de n'y voir
qu'une mesure fiscale et le firent révoquer par un édit
de mai 1588.

Sully fit revivre l'édit de 1581 par un autre édit de
1606, mais ce dernier ne fut enregistré qu'au Parlement
de Normandie, et encore sur des lettres de jussion.

Les formalités prescrites par les deux édits de 1581
et de 1606 n'étaient pas soumises à l'obligation de renouveler.

La première trace d'un renouvellement se trouve
dans une matière spéciale, celle des offices. Notre ancien droit avait organisé un système d'oppositions au
sceau des offices, dont l'objet général était d'empêcher
celui qui sollicitait les lettres de provision d'en obtenir
au préjudice des droits de l'opposant. On distinguait
deux espèces d'oppositions : l'une tendant à empêcher
qu'il soit accordé et scellé des provisions telles qu'elles
étaient demandées : c'est l'opposition au titre ; l'autre
conservant les droits et hypothèques des créanciers sur
les deniers provenant du prix de l'office : c'est l'opposition aux deniers, appelée communément opposition au
sceau, car elle était la seule pratiquée en réalité.

Ces oppositions étaient soumises à l'obligation du renouvellement, car nous constatons que, suivant règlement du Conseil de l'année 1631, l'opposition au titre
des offices devait être renouvelée après six mois, et celle
aux deniers après l'an expiré du jour de la signification
de ladite opposition.

Nous trouvons ensuite que, par règlement du
19 mai 1632, toutes oppositions faites et à faire aux ex-
péditions des offices de France doivent être renouvelées
d'année en année[1].

Le renouvellement a donc été pratiqué pour la première fois vers le commencement du XVIIe siècle, mais
pour une matière tout à fait spéciale.

La tentative la plus complète pour unifier la législation
et généraliser la publicité des droits réels est due à
Colbert qui fit rendre deux édits au mois de mars 1673.

Le premier, le plus important, destiné à rendre publi-
ques toutes les hypothèques, prescrit aux créanciers

1. En ce sens : Arrêts du grand conseil du Roy : 30 septembre 1653;
27 septembre 1670. V. Basnage, *Traité des hypothèques*, P. I. ch. X.

hypothécaires de faire enregistrer leurs oppositions dans les greffes des bailliages. Toutefois, certaines hypothèques restaient clandestines, par exemple, celles du Roi sur les biens des fermiers comptables. Quant à l'hypothèque de la femme et à celle du mineur, elles étaient occultes, mais la femme séparée de biens avait pour l'enregistrement, quatre mois depuis la séparation, le mineur devenu majeur et la veuve, un an depuis la majorité ou le décès du mari. L'enregistrement n'avait pas besoin d'être renouvelé.

Malgré ces sages dispositions, cet édit éprouva la plus vive résistance. Les Parlements ne l'enregistrèrent que sur des lettres de jussion, et, bientôt même, il dut céder aux attaques des courtisans et de la noblesse qui, profondément endettés et mécontents de voir leur situation obérée révélée par la publicité, combattirent l'innovation de Colbert. Aussi, en avril 1674, un édit vint révoquer celui de mars 1673. Dans cet édit, Louis XIV, tout en reconnaissant les grands avantages de la publicité, déclare que, par suite des difficultés qui ne peuvent être surmontées dans un temps où il est obligé de donner son application à la guerre, il abroge l'édit de 1673 [1].

Les choses restèrent dans leur ancien état.

Le second édit de mars 1673 ordonnait « que ceux qui » prétendraient hypothèques sur les rentes qui se » payaient au Trésor public ou à l'hôtel de ville de Paris » seraient tenus de former des oppositions annuelles en- » tre mains d'officiers à ce créés, afin de conservation de » leurs hypothèques, comme aussi que les créanciers de » ces rentes qui voudraient en purger les hypothèques, ne

---

1. Testament politique de Colbert. Ch. XL. p. 551. Loyseau, Basnage et d'Héricourt protestèrent vainement contre l'abolition de l'édit de 1673.

» seraient tenus qu'à prendre des lettres de chancellerie,
» dites lettres de ratification [1]. » Cet édit prescrivait que
les greffiers conservateurs des hypothèques tiendraient
registre exact des oppositions qui conserveront l'hypothèque pendant un an, sauf à être renouvelées. D'ailleurs,
Louis XIV publia une déclaration sur cet édit, à la date du
30 juin 1673, par laquelle il réglementait la conservation
des hypothèques assises sur les rentes dues par le roi.

Nous rencontrons donc dans cet édit un renouvellement annuel; mais cette mesure concerne seulement
les hypothèques sur les rentes.

D'autre part, le premier édit de 1673 ayant été révo-
qué en 1674, les pays du Nord continuèrent à observer
leurs coutumes : ailleurs, l'hypothèque resta clandes-
tine. Il s'écoula près d'un siècle sans qu'il fût apporté de
changements à ce régime désastreux : aussi beaucoup
de biens restaient abandonnés et sans culture.

Un édit de juin 1771, puisé en grande partie dans celui de 1673, vint remédier au mal : on créa des charges
de conservateurs ayant mission d'inscrire les oppositions,
à l'effet de conserver les privilèges et hypothèques. Ces
oppositions duraient trois ans et devaient être renouvelées avant l'expiration de ce délai. En étaient dispensés
les mineurs et les femmes mariées.

Voici quel est le fonctionnement de ces oppositions,
fonctionnement dont il nous semble utile et intéressant
de donner une idée succincte [2].

Le conservateur inscrit l'opposition sur un registre,
dit registre des oppositions, tenu d'après le modèle ci-
dessous :

---

1. Guichard. *Législation hypothécaire*, t. I, p. 33.
2. Les renseignements que nous donnons proviennent de documents
authentiques que nous avons eus entre les mains.

NOUVELLES ÉLECTIONS de DOMICILE	NUMÉROS	NOMS des PROPRIÉTAIRES		DROITS	MAIN-LEVÉE des OPPOSITIONS	DROITS
Du 17 par exploit de huissier, en date du , le s^r dénommé en l'opposition ci-contre a élu nouveau domicile en la maison de l'original du-quel exploit a été par nous visé et à l'ins-tant rendu au-dit qui a signé avec nous.	537	Bernard Louis-Denis	Du 19e jour de juin 1777 après-midi Opposition à la requête de M. demeurant à qui a élu domicile en la maison de M^e , notaire royal de rue paroisse exploit de huissier, demeurant par à en date du 19 juin 1777 sur Louis-Denis Bernard, vigneron, demeurant à , au sceau des lettres de rati-fication de la vente de tous les biens qu'il possède dans l'étendue du bailliage de l'original duquel exploit a été par nous visé et à l'instant rendu audit qui a signé avec nous et payé pour l'enregistrement la somme de 3 livres. L'huissier,	Le conservateur,	Ci......... 3 liv.	Du main-levée de l'opposition ci-contre passée de-vant M^{es} notaires à , le signifiée ce jour-d'hui en ce bu-reau par qui a payé pour les droits d'enregis-ment la somme de 24 sols. Ci.....1 liv. 4	

Après cette inscription, l'opposition est reportée sur une table des oppositions tenue au nom des débiteurs et par lettre alphabétique, de sorte qu'en recherchant le nom d'un débiteur sur la table, on trouve le renvoi aux volume, folio et numéro de l'opposition. Voici un spécimen de ces tables :

B.

FOLIO du REGISTRE	DATES DES OPPOSITIONS	NUMÉROS des OPPOSITIONS
Vol. 1. F. 50	Bernard Louis-Denis vigneron, demeurant à 13 janvier 1773. Caduque.	340
Vol. 1. F. 90	Bernard Louis-Denis, vigneron, demeurant à 19 juin 1877.	537
Vol. 2. F. 76	21 mai 1780.	464

Dans l'inscription de l'opposition, on n'indique pas le montant de la créance, mais on note si elle est prise avant ou après midi comme sous la loi de brumaire an VII on le fera pour les inscriptions. Quant à l'opposition prise en renouvellement, elle ne mentionne point qu'elle renouvelle une opposition antérieure.

Sur la table des oppositions, nous constatons que, faute d'être renouvelée dans les trois ans, l'opposition est rayée et on inscrit le mot « caduque ». Si elle est renouvelée dans le délai légal, on raye l'inscription primitive et on conserve sur la table le renouvellement d'opposition.

L'édit de 1771 ne se borna pas à créer ce système

8

d'oppositions ; il simplifia encore les formes de la purge et remplaça la procédure longue et coûteuse du décret volontaire par celle des lettres de ratification.

Désormais l'acquéreur d'un immeuble dut prendre, en chancellerie, des lettres de ratification pour le purger des hypothèques qui le grevaient.

Tant que l'immeuble restait entre les mains du débiteur, l'opposition formée par un créancier hypothécaire n'avait pas d'utilité, mais, dans le cas d'une aliénation, elle procurait au créancier deux avantages.

En premier lieu, en cas de vente par décret forcé, ce créancier était lié à la procédure par un avertissement que le poursuivant lui adressait un mois au moins avant l'adjudication.

En second lieu, en cas de vente à l'amiable, le créancier qui avait fait opposition avant le scellé des lettres, conservait ses privilèges et hypothèques, en ce sens qu'il pouvait venir en son rang produire sur le prix.

Cet édit ne fut pas très bien accueilli. Quelques Parlements ne l'enregistrèrent qu'avec des modifications, et même des édits spéciaux rétablirent, notamment en Artois, l'usage des nantissements.

Cet état de choses dura jusqu'à la Révolution. Un décret des 20-27 septembre 1790 abolit les formalités de saisine, mise de fait, mainmise et généralement toutes celles qui tiennent au nantissement. Mais cette loi de 1790 n'était que transitoire.

La véritable première loi hypothécaire fut celle du 9 messidor an III, loi curieuse comme expression des luttes de l'époque, mais dont l'exécution présentait des difficultés énormes.

Cette loi établissait les principes de l'hypothèque, ses causes, ses espèces, indiquait les droits et effets en ré-

sultant et la manière de les conserver par une inscription sur des registres publics ; en un mot, elle créait un
système hypothécaire. De plus, elle permettait (ch. II
du Titre I) de prendre hypothèque sur soi-même au
moyen de cédules. Ces cédules ou titres hypothécaires
délivrés au propriétaire d'un immeuble sur lui-même,
transmissibles par voie d'endossement ne produisaient
d'effets que pour dix ans et ne pouvaient être renouvelés dans ce délai pour une durée plus longue. Si le
propriétaire de l'immeuble grevé désirait de nouvelles
cédules, il devait présenter une autre réquisition et
alors les titres délivrés ne prenaient rang qu'à leur nouvelle date.

Cette loi parut dans des temps calamiteux et ces
cédules ressemblaient trop au papier monnaie pour
réussir.

Aussi des lois successives en suspendirent l'exécution. Les registres cédulaires de l'époque constatent, en
effet, que peu de cédules ont été délivrées depuis l'an IV
jusqu'au 13 floréal an VII, date à laquelle les commissaires de district arrêtèrent tous les registres hypothécaires en vertu de la loi du 21 ventôse an VII organisant les conservations des hypothèques.

Quoi qu'il en soit, la base de notre système hypothécaire actuel réside dans cette loi de messidor an III qui
posa, la première, le principe de la publicité des hypothèques.

La loi du 11 brumaire an VII eut sur celle de l'an III
l'avantage d'être plus praticable. Son article 23 déclare
que les inscriptions conservent les hypothèques et privilèges pendant dix ans à compter du jour de leur date ;
leur effet cesse, si ces inscriptions n'ont pas été renouvelées avant l'expiration de ce délai.

L'inscription se faisait alors à peu près comme de nos jours, sauf que l'on mentionnait si elle avait été requise avant ou après midi.

De tout ce qui précède il résulte que si, à diverses époques, le renouvellement a été pratiqué pour des matières tout à fait spéciales, nous le voyons généralisé et appliqué à toutes les hypothèques en 1771, en l'an III et en l'an VII.

Lorsque vint la rédaction du Code civil, on remit en question le principe de la publicité des hypothèques.

La commission avait abandonné le système de la loi de brumaire pour adopter à peu près celui de 1771. Mais les cours et tribunaux protestèrent avec énergie contre ce système; le tribunal de cassation présenta un contre-projet qui en revenait à la loi de brumaire an VII. Lors de la discussion au Conseil d'État, deux opinions se trouvèrent en présence; une partie de la section de législation voulait le rétablissement des lettres de ratification; l'autre proposait d'adopter le système hypothécaire de l'an VII. Bigot de Préameneu présenta un rapport concluant à la supériorité du régime des lettres de ratification et Tronchet défendit vigoureusement cette opinion.

Mais Réal, Treilhard développèrent tous les motifs qui paraissaient devoir faire maintenir le régime hypothécaire établi en l'an VII. Finalement, après une vive discussion, on vota à une grande majorité le principe de la publicité des hypothèques et le mode choisi fut l'inscription. Treilhard rédigea un nouveau projet qui, après quelques modifications, fut définitivement adopté le 27 ventôse an XII [1].

Si le principe de la publicité des hypothèques par

1. V. Locré, XVI, p. 107 et s., 327, 362 et s.

l'inscription fut vivement discuté, la nécessité du renouvellement eut également ses partisans et ses adversaires, et ce ne fut pas sans peine que l'article 2154 du
Code civil fut adopté tel qu'il est actuellement.

On peut se demander en effet si le renouvellement
de l'inscription doit être admis dans une législation bien
faite.

Nous avons vu que la loi de messidor an III exigeait
le renouvellement décennal des inscriptions. La loi de
brumaire an VII contenait le même principe. Crassous,
dans son rapport au conseil des Cinq-Cents, était con-
vaincu que le renouvellement de l'inscription est d'une
nécessité absolue.

Il ne croyait même point qu'une telle question pût
s'élever, car, disait-il, « si l'effet de l'inscription se per-
» pétuait pendant un très long intervalle donné, les
» recherches nécessaires pour se procurer les rensei-
» gnements dont on aurait besoin se multiplieraient à
» l'infini et les rendraient difficiles et douteuses. La
» différence d'opinion ne peut donc varier que sur le
» terme de durée d'inscription..... L'exception pour un
» seul cas rendrait la disposition inutile à l'égard de
» tous par l'impossibilité où serait le fonctionnaire de
» vérifier le cas auquel devrait s'appliquer l'exception.
» Tel fut le motif qui fit renoncer à une opinion faite
» pour séduire au premier abord, celle de maintenir
» l'inscription pendant la durée entière de la créance
» pour laquelle elle aurait eu lieu. En général, les ac-
» tions du créancier fondées en titre subsistent pendant
» trente ans. Ce terme eût donc été celui de l'inscription,
» mais cette première règle cède à une foule d'excep-
» tions.......... Forcé de déterminer un terme égal pour
» tous et qui ne souffre aucune altération, celui de dix

» ans a paru suffisant, et votre commission vous pro-
» pose de l'adopter [1]. »

L'article 23 de la loi de brumaire an VII fut voté sans
discussion dans cet ordre d'idées. Lorsque vint la rédaction du Code civil, on n'avait pu encore reconnaître
les avantages et les inconvénients du renouvellement
décennal. La lutte reprit plus vive que jamais entre les
partisans et les adversaires du renouvellement.

La section de législation proposa, contrairement à la
loi de brumaire, de faire durer l'inscription aussi longtemps que l'action personnelle contre le débiteur ou que
l'action hypothécaire contre le tiers détenteur. Treilhard
défendit cette idée devant le Conseil d'Etat ; Bigot Préameneu, Berlier, Crétet, Cambacérès le combattirent
énergiquement. Ces derniers invoquaient la difficulté
des recherches dans des registres très anciens ; comment, disaient-ils, le conservateur pourrait-il se retrou-
ver dans cette foule de registres qu'il devrait consulter
tous les jours et chaque fois qu'on lui demanderait un
état? En outre, faisaient-ils remarquer, si l'inscription
dure autant que l'obligation personnelle, il n'y a plus de
terme connu, la prescription pouvant être suspendue ou
interrompue ; d'ailleurs, le public était accoutumé à
cette idée que les inscriptions ne durent que dix ans. Il
ne fallait pas non-plus s'arrêter à la négligence des
créanciers, et enfin, c'était aggraver la responsabilité
des conservateurs que d'adopter le système défendu par
Treilhard. Aussi le Conseil admit que l'inscription devait être renouvelée dans les dix ans [2].

De là est sorti notre article 2154 C. ci. On ne tarda
pas à critiquer notre système hypothécaire; les écono-

1. *Moniteur Universel* du 10 germinal an VI, p. 763.
2. Fenet, t. XV, p. 380.

mistes l'attaquèrent vivement et les praticiens eux-mêmes réclamèrent une réforme.

Dès l'année 1827, Casimir Périer ouvrit un concours sur les modifications à apporter au régime hypothécaire du Code civil. En 1836, à l'occasion d'une pétition présentée à la Chambre des députés, on reconnut l'urgence d'une réforme, et, d'ailleurs, depuis 1830, un certain nombre de conseils généraux émettaient, chaque année, des vœux en ce sens. Enfin, une circulaire du 7 mai 1841 fut adressée par le garde des sceaux, Martin (du Nord) aux Cours et Facultés de droit à l'effet de provoquer leurs observations sur la réforme de nos lois hypothécaires. Les avis qu'elles formulèrent, ainsi que celui de l'administration de l'Enregistrement consultée aussi sur ce point, furent réunis et imprimés en 1844 [1].

En 1847, on nomma une commission à l'effet d'examiner, avec les documents fournis, l'utilité d'une réforme hypothécaire, et le 16 décembre de la même année, M. Persil fit un premier rapport. Le 7 février 1848, il en rédigea un second [2] concluant à la nécessité de reviser certains articles du Code civil. En même temps fut présenté un projet de loi qui maintenait le renouvellement décennal.

La révolution de 1848 arrêta les travaux de la commission, et ce fut seulement le 14 juin 1849 que l'œuvre fut reprise. Une nouvelle commission fut nommée et fit un projet dont le rapporteur fut encore M. Persil. Ce projet supprimait le renouvellement décennal; l'inscription conservait tout son effet tant que le droit à l'hypothèque subsistait. Il fut soumis au Conseil d'État.

---

1. *Documents relatifs au régime hypothécaire*, 3 vol. in-8°.

2. Ce second rapport fait à la commission générale portait sur les résolutions qui avaient été adoptées par les sept sous-commissions.

A la même époque, un projet de réforme était présenté à l'Assemblée par M. Pougeard; on nomma une commission pour examiner et comparer cette proposition avec le projet du gouvernement. Cette commission composée d'hommes éminents, tels que Paillet, Demante, Valette, Wolowski, élabora un projet de loi dont M. de Vatimesnil fut le rapporteur. La commission, écartant les deux propositions qui lui étaient soumises, et qui, l'une et l'autre, supprimaient le renouvellement, prit un moyen terme et porta la durée de l'inscription à 30 ans.

Pendant que la Chambre discutait ces projets, le Conseil d'État chargea M. Bethmont de présenter un rapport sur la réforme proposée par le gouvernement. Ce rapport fut adopté le 9 juillet 1850 ; il écartait le renouvellement.

Tous ces projets n'aboutirent point ; mais nous trouvons dans les discussions auxquelles ils donnèrent lieu, les arguments qui ont été invoqués pour et contre le renouvellement.

On se trouvait en présence de deux systèmes :

L'un, qui donnait à l'inscription la perpétuité, ou tout au moins la même durée que la créance.

L'autre, qui admettait le renouvellement décennal. Contre le renouvellement on a présenté les arguments suivants :

1. Le titulaire du droit d'hypothèque, droit accessoire qui devrait durer autant que le droit principal, est en danger de le perdre à heure fixe, faute de mémoire ou par la négligence du mandataire chargé du renouvellement [1].

2. La péremption est souvent employée comme moyen de radiation. Le débiteur qui paie se fait délivrer une

1. Bethmont, *Rapport*. p. 116. Persil. 2e *rapport*, p. 181.

quittance sous seing privé, évite ainsi les frais d'une quittance authentique ou d'une mainlevée ainsi que les droits d'enregistrement, et, de plus, le créancier ne renouvelera pas ; résultat : le fisc est frustré.

3. Le renouvellement surcharge les registres d'inscriptions et rend le travail des conservateurs plus compliqué. Il est aussi facile de rechercher une inscription qui remonte à 30 ans et plus qu'une inscription remontant à 5, 6 ou 7 ans ; même, dit M. Persil, les conservateurs feront les recherches aussi sûrement, peut-être même plus, après la suppression du renouvellement qu'auparavant, parce qu'ils auront moins d'inscriptions à formaliser et par conséquent plus de temps à consacrer aux recherches qu'exigent les états.

4. Un auteur fait remarquer que le renouvellement décennal a fait pulluler les procès ; que les recueils d'arrêts en sont remplis ; que des difficultés sans nombre ont été soulevées sur la question de savoir à quelle époque les inscriptions ont produit leur effet de manière que leur renouvellement soit devenu inutile [1].

Dans le rapport fait par M. de Vatimesnil on trouve les mêmes considérations invoquées contre la péremption décennale. En outre, on faisait remarquer que la nécessité du renouvellement décennal détournait les capitalistes de prêter à long terme ; que les établissements de crédit foncier ne pourraient être utiles qu'en prêtant à longue échéance.

Le rapporteur concluait, en conséquence, à une durée de trente ans.

Si l'on parcourt les avis des Cours et Facultés, on trouve une scission entre elles ; parmi les Facultés, celles de Dijon, Rennes, parmi les Cours, celles de Bas-

___

1. Troplong. *Priv. et hyp.*, préface. p. lxxj.

tia, Douai, Amiens, Metz, Grenoble, Montpellier dési-
rent une durée de 30 ans. Le renouvellement, disent
plusieurs d'entre elles, ne dispense pas de recourir aux
anciens registres ; il faut toujours remonter aux inscriptions primitives pour voir si elles ont été renouvelées en temps utile. Avec le système actuel, beaucoup
d'hypothèques restent intactes et sont comprises dans
les états, quoiqu'elles soient éteintes ; il en est ainsi
toutes les fois que le paiement se fait dans un temps
voisin de la péremption de l'inscription. Avec un système différent, on amènera les possesseurs d'immeubles
hypothéqués à la nécessité d'opérer la radiation pour
manifester leur libération, et ces radiations, faites au
fur et à mesure des paiements, rendront beaucoup
plus net l'état de la fortune immobilière des emprun-
teurs.

Malgré toutes ces critiques, nous sommes partisans
du renouvellement pour les raisons que nous allons
exposer.

On objecte au renouvellement les chances de perte
de l'inscription par l'oubli du créancier ou la négligence
de son mandataire. Mais, tout d'abord, si la péremption arrive par la faute du mandataire, celui-ci sera
responsable envers le créancier son mandant, et cette
responsabilité sera d'autant moins fictive que le plus
souvent, ce sera un notaire qui sera constitué mandataire, et comme tel, sera chargé de veiller au renouvellement en temps utile. Cette surveillance sera facile
à l'aide des tables d'inscriptions que les notaires sont
dans l'usage de tenir.

D'ailleurs, c'est un danger qui est commun à toutes
les péremptions.

Sans doute, on comprendrait, en théorie, que le con-

servateur fût chargé de prévenir, quelques mois avant
l'expiration des dix ans, les intéressés que leurs inscriptions vont périmer et qu'ils doivent, à telle époque au
plus tard, renouveler leurs inscriptions, s'ils veulent
en conserver l'effet. Cette idée fut émise par la cour de
Colmar [1]. Elle avait été pratiquée, en vertu d'un règlement du 19 novembre 1821, dans le canton de Genève :
chaque mois, le conservateur devait avertir tous les
créanciers dont les inscriptions allaient périmer deux
mois plus tard, de l'époque à laquelle la péremption
de leurs inscriptions aurait lieu, et de la nécessité du
renouvellement avant cette époque. Ce règlement avait
donné d'excellents résultats, et il paraît qu'il était rare
de voir une inscription se périmer faute de renouvellement. Mais, en pratique, dans un pays comme le nôtre,
où la plupart des arrondissements sont plus considérables qu'un seul canton suisse, ce procédé ne donnerait
pas de bons résultats ; il compliquerait énormément la
manutention hypothécaire et il faudrait que le conservateur fut astreint à tenir un registre relatant les inscriptions requises journellement, et à adresser constamment des avis relatifs aux péremptions.

Le renouvellement a cet avantage de faire disparaître
une inscription sans recourir à une radiation. La perpétuité, au contraire, exigerait une radiation pour faire
disparaître l'inscription et multiplierait ainsi le nombre
des formalités ; en outre, les frais augmenteront, car il
est établi aujourd'hui[2] que ceux d'une radiation sont en

1. *Documents hypothécaires*, II, p. 590.
2. En 1844, la cour de Riom déclarait que la radiation coûtait moins
que le renouvellement. Cette observation juste en 1844 ne l'est plus
aujourd'hui En 1844, on était sous l'empire de la loi de finances du
28 avril 1817, laquelle soumettait au droit fixe de 2 francs les consen-
tements à mainlevée d'hypothèque. Actuellement (loi du 28 février 1872)

général plus élevés que ceux d'un renouvellement.

On oppose alors que cet avantage de la péremption amène une diminution dans les droits du Trésor. Cette objection est fondée sans doute, mais une raison fiscale ne saurait devoir l'emporter sur des motifs d'équité et de justice. Ainsi prenons l'hypothèse suivante : un débiteur dont les biens sont grevés d'une inscription d'hypothèque judiciaire redoute une saisie et paie son créancier sans requérir la mainlevée. Avec le système de la perpétuité, l'inscription subsistera jusqu'à radiation ; avec celui de la péremption, cette inscription disparaîtra dans un temps déterminé.

La perpétuité rendrait la publicité presque illusoire. La durée des prêts hypothécaires ne dépasse guère dix ans ; à quoi bon admettre la perpétuité de l'inscription ? Celle-ci n'aura d'autre résultat que de forcer un débiteur qui a payé à recourir aux frais et aux lenteurs d'une radiation, surtout si celle-ci doit avoir lieu en vertu d'un jugement. Pourquoi, dès lors, vouloir une durée de 20 ans accordée à l'inscription, comme le proposa la cour de Paris en 1814, ou de 30 ans, comme l'a soutenu M. de Vatimesnil ? Ce dernier délai ne protège pas le créancier contre sa négligence, car l'action personnelle peut durer plus de 30 ans, et alors nous trouverons toujours des inscriptions périmées, alors que l'action personnelle existera. Il faut bien croire d'ailleurs que la péremption donne d'heureux résultats puisque le nombre des inscriptions qui disparaissent chaque année par la péremption dépasse de beau-

ces actes sont soumis au droit fixe gradué de 5 francs jusqu'à 5,000 francs, de 10 francs pour les sommes de 5,000 à 10,000 ; de 15 pour celles de 10,000 à 20,000 ; de 20 pour celles de 20.000 ou fractions de 20,000.

coup celui des inscriptions prises en renouvellement.

En outre, il est incontestable, et cela résulte de la pratique, que le renouvellement prescrit par l'art. 2154 a l'immense avantage de permettre au créancier de réparer les erreurs commises dans l'inscription à renouveler et de faire connaître les changements survenus depuis cette inscription, par exemple, par la vente des biens hypothéqués, par la mort du débiteur, etc. L'immeuble grevé ou la créance ont pu changer de mains ; de là des incertitudes qui, avec le système de la perpétuité, n'engageraient pas les tiers à contracter des prêts hypothécaires. L'immeuble grevé a pu se diviser, être morcelé ; comment, avec la perpétuité, le conservateur pourra-t-il savoir que tel immeuble est bien le même que celui hypothéqué originairement ?

Si, au contraire, le créancier est obligé de renouveler, il indique le débiteur ou ses représentants dans l'inscription en renouvellement. En effet, dans la pratique, il s'inscrit toujours contre tels et tels, héritiers de tel débiteur primitif, et alors, le conservateur annote le renouvellement au compte de la succession et à celui de tous ceux contre lesquels il a été requis, et, dans les états qu'on lui demande contre l'une quelconque de ces personnes, il comprend l'inscription de renouvellement. Avec la perpétuité de l'inscription, en demandant l'état contre tel détenteur actuel, on ignorerait les inscriptions prises du chef du défunt, au lieu que, grâce au renouvellement, le tiers requérant l'état, les connaîtra toutes parce que le conservateur donne la copie de l'inscription qui comprend tous les autres héritiers.

D'autre part, les héritiers ne manqueront pas de se faire connaître, lors du renouvellement, à cause des notifications à fin de purge.

La péremption a encore cet avantage de délivrer les états d'une foule d'inscriptions qui les surchageraient.

Ceux ci, avec le non-renouvellement, contiendraient, en effet, les inscriptions non radiées lors de l'extinction de la dette ou dont la radiation serait presque impossible. Ainsi, si le créancier est décédé, ses représentants peuvent être très éloignés, habiter à l'étranger ; comment les réunir, et justifier de leurs droits à la créance ?

Les causes de suspension et d'interruption étant inconnues du conservateur, comment celui-ci pourra-t-il savoir si telle créance est éteinte ? Comment dressera-t-il son état ? Il devra alors relater toutes les inscriptions non radiées qui occasionneront des recherches nombreuses, minutieuses et souvent inutiles à cause de la durée moyenne des prêts hypothécaires. En somme, le crédit du débiteur pourra être révélé sous un aspect qui ne correspondra pas à la réalité, et les conséquences en seront très graves si l'on adopte le système de la perpétuité.

Avec le renouvellement, au contraire, le conservateur ne relate dans les états qu'il délivre, que les inscriptions en renouvellement ; en cela il se conforme aux instructions données par l'administration. Il ne délivrera les inscriptions originaires que s'il y a réquisition expresse des parties sur ce point.

Quant à prétendre que le renouvellement doit être supprimé, à cause des nombreux procès qu'il a engendrés, ce n'est pas un argument décisif. On peut en dire autant de beaucoup d'autres institutions de nos lois, par exemple du partage d'ascendant ; est-ce une raison pour les rayer purement et simplement de nos Codes ?

On a souvent fait remarquer que le renouvellement

permet la refonte périodique des tables et du répertoire des formalités hypothécaires, parce qu'on ne porte pas sur les nouvelles tables ou le nouveau répertoire les noms des individus contre lesquels il n'y a plus que des inscriptions périmées ou radiées. C'est une erreur : d'abord on ne fait jamais de refonte du répertoire des formalités hypothécaires, et, dans la refonte des tables alphabétiques, on mentionne toujours sur les nouvelles tables tous les noms existant sur les anciennes, sans exception, même pour les individus dont le compte ouvert au répertoire ne présenterait que des inscriptions d'hypothèques périmées ou radiées. Pourquoi cela? C'est que le travail de refonte offre ainsi moins de chances d'erreurs que si on devait éliminer certains noms, maintenir les autres, et faire ainsi un choix.

Une raison encore plus décisive pour copier fidèlement les tables, c'est qu'on peut requérir un état sur transcription d'un acte remontant à vingt ou trente ans et qui comprendra toutes les inscriptions même périmées.

La Cour de Lyon, en 1844, et depuis, certains auteurs ont prétendu que le renouvellement avait cet avantage de permettre la suppression des registres anciens, et que, au contraire, la dispense de renouvellement nécessitait leur conservation indéfinie.

Cette observation est inexacte ; le renouvellement ne dispense pas de conserver les registres remontant à plus de dix ans. Il arrive souvent que les notaires demandent dans leur réquisition des copies ou états d'inscriptions d'une date très ancienne ; d'autre part, il y a des inscriptions qui sont dispensées de renouvellement. D'ailleurs, il faut toujours remonter aux inscriptions primitives pour voir si elles ont été renouvelées en temps utile.

Quoi qu'il en soit, nous sommes partisans, pour les raisons que nous venons d'indiquer, du renouvellement de l'inscription ; c'était, du reste, l'opinion émise par la plupart des Cours et Facultés consultées en 1841 ; ainsi les Cours d'Agen, Angers, Bordeaux, Orléans, Pau, les Facultés de Caen, Grenoble, Poitiers voulaient un renouvellement.

Qu'en est-il à l'étranger ? Si, mettant à part les pays qui ont un système hypothécaire basé sur les registres fonciers, où l'inscription a une durée égale à celle de l'hypothèque, nous prenons les nations qui ont un système hypothécaire analogue au nôtre, ou qui ont vécu sous nos propres lois, nous remarquons que le renouvellement est à peu près partout suivi.

En Italie, l'inscription dure trente ans et le renouvellement doit avoir lieu avant l'expiration de ce terme.

La perpétuité des inscriptions avait été consacrée dans les Pays-Bas, par une loi du 22 décembre 1828 ; mais on ne tarda pas à s'apercevoir des inconvénients de cette perpétuité, et dès 1838, on proposa le renouvellement. Dans son rapport du 14 mars 1842 [1], M. de Behr montra avec énergie les conséquences du régime de la perpétuité : accumulation des inscriptions, mise hors du commerce de beaucoup de biens, frais de radiations, etc. Aussi une loi du 12 août 1842 abrogea celle de 1828 et rétablit le renouvellement décennal. Cette loi, qui n'était que provisoire, fut remplacée par la loi belge du 16 décembre 1851, qui admit le renouvellement en portant le délai de dix à quinze ans.

Nous avons vu que la réforme hypothécaire tentée chez nous de 1844 à 1850 n'aboutit pas. En 1855, lors de la discussion de la loi sur la transcription, il ne fut point

1. *Moniteur belge*, 19 mars 1842.

question du renouvellement. Mais l'annexion de Nice et de la Savoie à la France amena des difficultés qui donnèrent naissance à la loi du 3 juin 1865.

Avant 1865, ces deux pays étaient soumis à la loi Sarde qui admettait la péremption par quinze ans. Celleci, en fait, ne fut d'aucune utilité, la Chambre des Comptes de Sardaigne ayant décidé, le 2 juin 1838 que, dans les certificats d'inscription, on comprendrait toutes les inscriptions périmées ou non. Ces états étaient donc surchargés d'inscriptions inutiles. De graves inconvénients en résultèrent lors de l'annexion. Aussi, le 3 juin 1865, une loi décida que, à partir du 1er janv. 1866, les conservateurs des hypothèques ne comprendraient dans les états que les inscriptions dont la date primitive ou le renouvellement ne remonterait pas au delà de quinze ans, à partir du jour de la réquisition de l'état, s'il s'agit d'inscriptions prises ou renouvelées avant le 25 août 1860. Quant aux inscriptions prises ou renouvelées depuis cette époque, les états ne relateront que celles ne remontant pas à plus de dix ans. Enfin, certaines mesures étaient prises en ce qui concerne les hypothèques légales.

En tout cas, il résulte bien de la discussion et des motifs de la loi que le renouvellement est utile et nécessaire.

Si, lors de la loi sur l'hypothèque maritime, en 1874, on convint de donner à l'inscription une durée de 3 ans, on ne tarda pas cependant à faire des propositions pour améliorer cette législation spéciale. En 1885, une loi du 10 juillet vint rétablir l'uniformité entre la législation civile et la législation maritime, et décida que l'hypothèque maritime se périmerait par dix ans. On ne contesta guère d'ailleurs l'utilité du renouvellement ; M. le Cesne

9

fît bien une tentative pour donner effet à l'inscription tant qu'elle n'a pas été rayée, mais cette tentative échoua.

Il nous semble donc qu'aujourd'hui il n'y a plus lieu de contester les avantages du renouvellement. Tous les auteurs, ou du moins presque tous, sont de cet avis[1].

Si nous adoptons le principe du renouvellement, trouvons-nous suffisant le délai de dix ans établi par l'article 2154 du Code civil?

Il faut prendre un moyen terme pour ce délai; trop court, il obligera le créancier à veiller sans cesse à ce que son inscription ne se périme pas et à faire des frais répétés à des époques rapprochées; trop long, il compliquera la manutention hypothécaire, surchargera les états d'inscriptions souvent inutiles qui cependant continueront à grever, aux yeux des tiers, des immeubles qui, en fait, en sont libérés. Il faut donc trouver un juste milieu et nous pensons que le délai de dix ans est suffisant.

D'abord, ce délai convient d'autant mieux à notre crédit hypothécaire que la moyenne des prêts ne dépasse pas une durée de 5, 6 et 7 ans au maximum.

D'autre part, ce délai concorde avec bien d'autres péremptions établies par nos lois : nous n'en voulons d'autres exemples que les articles 475, 1304, 2265 C. ci, articles qui font perdre par le même laps de temps l'action de tutelle, les actions en nullité ou en rescision, et même la propriété à l'égard d'un tiers acquéreur.

C'était, d'ailleurs, le délai édicté par la loi de brumaire an VII, et il a encore deux avantages : le premier, c'est de correspondre à la responsabilité décennale des

---

1. Dalloz, A. *Privilèges et hypothèques*; Pont, *Priv. et hyp.* Laurent, XXXI. p. 88. — *Contrà*, Troplong et Loreau.

conservateurs: le second, c'est qu'il est devenu familier
à tous les hommes de pratique.

Enfin, la majorité des Cours et Facultés, en 1844, se
prononça en sa faveur et c'est le délai que notre législateur a adopté en 1885 pour l'hypothèque maritime.

Pour toutes ces raisons, nous estimons que le délai
décennal établi par l'article 2154 C. civ. est suffisant et
doit être respecté, sous peine de voir se produire, s'il
était augmenté, de nombreux inconvénients avec notre
système hypothécaire actuel.

CHAPITRE PREMIER

La durée de l'inscription est fixée à dix années, comment calculer ce délai? C'est là une question que l'interprète de la loi doit résoudre d'après les principes généraux, puisque la loi ne dit point comment ce délai doit se calculer. Sur cette seule question, on peut concevoir trois systèmes différents.

Chacune de ces trois opinions a trouvé pour la défendre des jurisconsultes éminents, et des arrêts ont été rendus dans les trois sens.

Premier système. — Il faut faire entrer dans le calcul du délai le *dies a quo* et le *dies ad quem*, c'est-à-dire, le jour où l'inscription est prise et celui où expire le délai : donc une inscription prise le 15 août 1887 doit être renouvelée au plus tard le 14 août 1897.

Pourquoi? Parce que l'inscription a effet le jour même où elle est prise, le 15 août 1887 ; il faut donc compter le *dies a quo*. D'un autre côté, le *dies ad quem* doit entrer en ligne de compte, car si l'inscription avait effet le 15 août 1897, nous aurions un délai de dix ans plus le premier jour de la onzième année.

Merlin qui admet cette opinion, soutient qu'il faut suivre le principe romain : *dies a quo computatur in termino* ;

et il ajoute que la jurisprudence n'était pas toute en sens contraire dans notre ancien droit. Le Code civil a voulu revenir aux principes du droit romain; cela résulte des articles 62, 1153, 1975, 2180, 2260, 2279, etc., et cette idée est corroborée par les exceptions à ce principe, insérées dans les articles 1033 C. pr. et 373 I. cri.

Enfin Merlin invoque plusieurs arrêts en sa faveur [1].

Aux arguments tirés de l'ancien droit on peut répondre que nombre d'auteurs attestent que la coutume ne suivait pas l'ancien droit romain. Dumoulin, sur la Coutume de Paris, des fiefs, § X, nous dit que le *dies a quo non computatur in termino* au Châtelet et au Parlement de Paris. D'autres jurisconsultes éminents, tels que Brodeau, Charondas, sont du même avis.

Nous ne voyons pas non plus comment et en quoi le Code civil en est revenu à la loi romaine.

L'article 1153 nous dit que les intérêts sont adjugés du jour de la demande; pour quel motif? parce que celle-ci met la justice en mouvement; mais elle ne fixe pas un point de départ pour un délai, pour un certain laps de temps déterminé, elle indique seulement le commencement d'un état de choses dont ne peut prévoir le terme.

De même pour l'article 62 C. civ.

Quant aux articles 1975, 2180, 2260, 2279, ils visent des déchéances, de courtes prescriptions, et la jurisprudence exclut constamment le *dies a quo*.

Que reste-t-il en faveur de l'opinion de Merlin? quelques arrêts: un arrêt de la Cour de cassation du 17 juin 1817 [2]; mais il vise une hypothèse où il ne s'agit pas de renouvellement, mais d'un non-renouvellement;

1. Merlin, *Rep. Inscription hypothécaire*, § 8 bis, n° 1.
2. Dalloz, A. *Priv. et hyp.* n° 1671 1°.

un arrêt de Colmar, du 30 juillet 1813 [1], qui décide, dans une espèce où l'inscription avait été prise le 12 mai 1799, que le renouvellement aurait dû avoir lieu au plus tard le 12 mai 1809 et que l'inscription faite le 13 mai 1809 n'empêchait pas la péremption. La Cour se fonde sur l'article 2260 qui cependant doit être mis hors du débat, parce qu'il ne parle ni du point de départ ni du point d'arrivée.

La Cour de Toulouse a jugé dans le même sens le 2 janvier 1841 [2]. Mais la jurisprudence a depuis renoncé à ce système.

Duranton soutient l'opinion de Merlin en disant : la péremption n'est plus la même chose que la prescription libératoire ; dans celle-ci, le créancier ne peut agir le jour où commence la prescription, car ce jour qui est le dernier du terme appartient en entier au débiteur, au lieu que l'inscription produit effet dès le jour même où elle est prise [3].

Ce système aboutit à ne pas donner au créancier un délai de 10 ans, car, en fait, l'inscription durera dix ans moins une fraction de jour, et, en supposant plusieurs renouvellements faits à la fin du délai, le créancier aura eu autant de fois dix ans qu'il y a eu de renouvellements moins un nombre de jours égal au nombre de ces renouvellements. Soit, par exemple, quatre renouvellements : le délai accordé au créancier sera de quarante ans moins quatre jours ; dans notre espèce, l'inscription prise le 15 août 1887, renouvelée le 14 août 1897, devra être renouvelée le 13 août 1907, le 12 août 1917 et enfin le 11 août 1927.

1. D. A. *Priv. et hyp.* n° 1648.
2. D. 1842, II, 114.
3. Duranton, t. XX, n° 160.

Cette conséquence montre bien que ce système est contraire à la loi ; il faut donc l'éliminer.

Reste les deux autres systèmes.

Deuxième système.— On ne doit compter ni le *dies a quo* ni le *dies ad quem.*

L'inscription prise le 15 août 1887 peut être renouvelée le 16 août 1897. C'est l'application de la règle : *dies termini non computatur in termino.*

On invoque en ce sens l'article 1033 C. pro. selon lequel « le jour de la signification ni celui de l'échéance » ne sont jamais comptés pour le délai général fixé pour » les ajournements, les citations, sommations et autres » actes faits à personne ou domicile ».

Nous admettons bien la portée générale de cet article, en tant qu'il exclut le *dies a quo ;* mais, en ce qui concerne le *dies ad quem,* l'article 1033 contient une vraie dérogation qu'il faut restreindre aux cas qu'il prévoit.

Quand on accorde un délai de dix jours, par exemple, pour faire tel acte, le sens naturel serait que le *dies a quo* ne compte pas, mais que le dernier jour de la dizaine, le jour du terme, de l'échéance, est un jour fatal, passé lequel on ne peut plus faire cet acte.

Or, l'article 1033 écarte cette dernière idée dans certains cas, par conséquent, pour l'appliquer, il faut rentrer dans ces mêmes cas : le renouvellement y est-il compris? nous ne le voyons pas. L'article 1033 parle d'actes faits à personne ou domicile; donc les actes non signifiés à personne ou domicile ne rentrent pas dans cet article; ces derniers seront, par exemple, les actes signifiés entre avoués, et *à fortiori* ceux qu'on ne signifie pas du tout, comme une inscription hypothécaire ou son renouvellement.

On ne peut donc pas se baser sur l'article 1033.

Cette opinion, soutenue par plusieurs auteurs [1], a été suivie par un certain nombre d'arrêts, rendus en France et en Belgique ; mais ces arrêts ne produisent aucun argument nouveau ou émettent des idées sans rien présenter pour les soutenir [2].

D'ailleurs, si nous supposons plusieurs renouvellements successifs, l'inscription durerait autant de fois dix ans qu'il y a eu de renouvellements, plus un nombre de jour égal au nombre de ces renouvellements. Ainsi, en reprenant notre exemple ci-dessus, soit quatre renouvellements : l'inscription prise le 15 août 1887 pourra être renouvelée le 16 août 1897, le 17 août 1907, le 18 août 1917 et enfin le 19 août 1927. Est-ce là le système du Code civil ?

Troisième système. — Celui-ci est éclectique ; le *dies a quo* ne compte pas ; il n'y a que le *dies ad quem* que l'on doive comprendre dans le calcul du délai. Nous croyons que ce système est le meilleur.

Il y a alors concordance parfaite avec l'article 2154 ; en effet, que nous dit-il ? Deux choses :

1° Que les inscriptions conservent l'hypothèque pendant dix années à compter du jour de leur date, soit dix années complètes ;

2° Que les inscriptions doivent être renouvelées avant l'expiration du délai de dix ans.

Or, les dix années ne seraient pas complètes, si le jour où l'inscription est prise devait compter ; il y manquerait une fraction plus ou moins considérable de ce jour. En ne comptant point ce premier jour, nous avons un délai de dix ans qui sera complet.

---

1. Toullier, XIII, n° 55. Persil sur 2154.

2. Paris, 21 mai 1814 ; Caen 19 fév. 1825. Bruxelles 20 fév. 1811, 26 juin 1813, 19 oct. 1815, 5 juin 1817. D. A. *Priv. et hyp.* n° 1630.

D'autre part, en comptant le *dies ad quem*, le renouvellement peut encore se faire le dernier jour de la
dixième année, puisque les dix ans n'expirent qu'à la
fin de ce jour.

C'est l'opinion admise par la plupart des auteurs [1] et
celle dans le sens de laquelle la jurisprudence paraît désormais fixée.

Donc l'inscription prise le 15 août 1887 pourra être
renouvelée encore les 15 août 1897, 1907, 1917 et 1927.

Que décider si le *dies ad quem* est un jour férié ?
Faut-il augmenter d'un jour le délai de dix ans ?

Les bureaux des conservateurs sont fermés les diman-
ches et jours de fête légale ; on ne peut donc y remplir
aucune formalité ; aussi quelques auteurs, tels que
Grenier, Persil, retranchent ce jour férié des délais et
permettent au créancier de renouveler valablement son
inscription le lendemain, parce que le créancier n'est
pas en faute. Il n'y a pas de négligence de sa part, car
c'est une circonstance indépendante de sa volonté qui
l'empêche de renouveler.

Nous ne saurions admettre cette opinion, qui est contraire à l'article 2154. Si, en effet, le lendemain d'un
jour férié, le créancier peut renouveler utilement son
inscription, on augmente par cela même d'un jour le
délai de dix ans accordé à ce créancier. Le conservateur
même devrait résister à la sommation qui lui serait faite,
en vertu d'une ordonnance du président du tribunal,
d'inscrire, un jour férié légal, les bordereaux de renouvellement d'une inscription dont le délai expire ledit
jour.

---

1. Pont, *op. cit.* nº 1039 ; Laurent, XXXI, p. 94 ; Aubry et Rau, III,
§ 280, Troplong, *Priv. et hyp.* nᵒˢ 303, 714. — Dalloz. A. *Priv. et hyp.*
nᵒˢ 1649, 1651. — Req. 5 avril 1825. S. 26, I, 152.

Les jours fériés, d'ailleurs, ont toujours été comptés dans la supputation des délais, aussi bien dans le droit romain que dans notre ancien droit[1], et, quand la loi entend prolonger ce délai, elle prend soin de l'indiquer formellement ; nous n'en voulons d'autres preuves que celles fournies par les articles 25 de la loi du 22 frimaire an VII, et 162 C. com.

Presque tous les auteurs adoptent cette opinion, suivie, du reste, par une jurisprudence constante[2].

Il se pourrait que le conservateur formalisât l'inscription de renouvellement le jour férié ; la nouvelle inscription vaudra-t-elle comme renouvellement à cette date ?

Non, sans aucun doute ; le rang des créanciers ne saurait dépendre de la volonté du conservateur ; celui-ci n'est jamais juge, il se borne à remplir les formalités qui sont requises. L'inscription ne datera donc que du lendemain[3].

Cette hypothèse ne peut guère se présenter dans la pratique : chaque jour, en effet, le conservateur arrête le registre de dépôt, et, lorsqu'il inscrit l'arrêté du samedi, il arrête en même temps le dimanche, puisque ce dernier jour n'est pas employé à l'accomplissement des formalités et que toutes les pièces venant à cette date sont reportées à celles du lundi.

Une inscription est prise le 28 février 1887, année bissextile, quand faudra-t-il au plus tard renouveler ? le 28 février 1897 ou le 1er mars 1897 ?

Nous croyons que ce sera le 28 février 1897, parce

1. L. 3. C. de delationibus, III, 11. Ordonnance de 1667. tit, III, art. 7.
2. Laurent, XXXI, p. 111, 112. — Troplong, n° 714. — Bruxelles, 20 fév. 1811, 20 juin 1813. — Cass. 5 avril 1825. — Riom, 8 avril 1843, D. A. — Priv. et hyp. 1653 ; D. 25, I, 155. — 26, II 193, 209. — 44, II, 14.
3. Le contraire a cependant été jugé ; D. A. Priv. et hyp. 1654, 1733.

que le jour intercalaire ne fait qu'un avec celui qui le précède ; cela est conforme à l'usage de compter par mois, que celui-ci soit de 28, 30, ou 31 jours [1].

Inversement, l'inscription primitive du 28 février 1887, année non bissextile, peut-elle être renouvelée utilement le 29 février 1897 ?

Non, parce que le 28 février ne se confond pas avec le 29 février ; c'est ce que nous dit la loi romaine : L. 98, D. L. 16, *posterior dies intercalatur, non prior.*

La même situation pouvait se présenter sous le calendrier républicain au sujet du sixième jour complémentaire ajouté dans les années bissextiles aux cinq jours complémentaires intercalés entre le 30 fructidor et le 1er vendémiaire.

Il peut arriver que des événements de force majeure, tels que guerre, peste, inondation, mettent le créancier dans l'impossibilité de renouveler son inscription ; devra-t-il supporter la conséquence de ces faits, alors qu'il n'y a aucune négligence de sa part ? C'est un point qui se rattache à la question classique de savoir si, dans l'état actuel de notre législation, on doit admettre la maxime romaine : *contrà non valentem agere, non currit præscriptio.* Sans approfondir la discussion, indiquons seulement les deux opinions soutenues par les auteurs. Les uns repoussent cette maxime à cause du danger d'un arbitraire complet [2] ; les autres l'admettent parce que c'est le principe duquel découlent les exceptions indiquées dans la loi à la règle que la prescription

1. C'est la solution du droit romain. L. 3, § 9. D. IV, 4. — L. 98. D. L, 16.

2. Laurent, XXXII, n° 38. Baudry-Lacantinerie, *Précis de droit civil*, III n° 1631. — Mourlon, idem, III, n° 1893.

court contre toute personne [1]. La jurisprudence suit sans hésiter ce dernier parti [2].

Lors de la guerre franco-allemande de 1870-1871, la question devait se soulever. Pour prévenir toute difficulté, le gouvernement de la Défense nationale rendit deux décrets et l'Assemblée fit la loi du 26 mai 1871 afin d'arrêter le cours des prescriptions et péremptions.

Un premier décret du 9 septembre 1870 suspend les prescriptions et péremptions en matière civile pendant la durée de la guerre (art. 1er):

1° Au profit de ceux qui résident dans un département investi ou occupé par l'ennemi, alors même que l'occupation ne s'étendrait pas à tout le département.

2° Au profit de ceux dont l'action doit être exercée dans ce même département contre des personnes qui y résident.

Article 2. A dater de la cessation de l'occupation, un nouveau délai égal au délai ordinaire courra au profit des personnes qui se trouveront dans le cas de l'article précédent.

Un second décret du 3 octobre 1870 porte :

Considérant que la prolongation de l'état de guerre rend nécessaire l'extension des dispositions du décret du 9 septembre 1870 relatif aux prescriptions et péremptions en matière civile.

Considérant, en outre, que des doutes se sont élevés sur la portée de ces dispositions et qu'il importe, en conséquence, d'interpréter et de compléter ledit décret.

Décrète :

1. Aubry et Rau, II, § 214.
2. Dalloz, A. *Priv. et hyp.* n° 1656.

Article 1er. La suspension des prescriptions et péremptions en matière civile pendant la durée de la guerre s'applique aux inscriptions hypothécaires, à leur renouvellement, et généralement à tous les actes qui, d'après la loi, doivent être accomplis dans un délai déterminé.

Art. 2. La prorogation de délai dont il est parlé en l'article 2 du même décret, ne s'applique qu'aux différents actes de recours devant les tribunaux judiciaires ou administratifs. Quant aux autres actes, il est accordé à dater de la cessation de la guerre, un délai égal à celui qui restait à courir au moment où elle a été déclarée.

Art. 3. Le présent décret est étendu à tous les départements de la France. Il s'applique aussi à l'Algérie et aux colonies, mais seulement pour les actes qui doivent être faits en France et réciproquement.

Il résulte de ce dernier décret qu'il a été rendu pour lever certains doutes qu'avait fait naître le décret du 9 septembre 1870 et pour en étendre certaines dispositions. En effet, on s'était demandé :

1° Si le décret du 9 septembre 1870 s'appliquait aux inscriptions hypothécaires, par conséquent, à leur renouvellement.

2° Comment il fallait entendre les mots : un nouveau délai égal au délai ordinaire; quel en était le point de départ, quand devait-il cesser?

Sur le premier point, le décret du 3 octobre déclare formellement que celui du 9 septembre s'applique aux inscriptions hypothécaires.

Quant au sens des mots : « un nouveau délai égal au délai originaire » voulaient-ils dire que le créancier aurait, après la cessation de l'occupation, un nouveau dé-

lai de dix ans, ou qu'il aurait seulement le temps qui
restait à courir au moment où le cours de la péremption
ou de la prescription s'était arrêté ?

Le second décret est venu lever les doutes en décidant que c'était, à partir de la cessation de la guerre, un
délai égal à celui qui restait à courir au moment où
elle a été déclarée.

Malgré cette interprétation, des difficultés se sont
élevées sur deux points :

1° A quel moment précis a commencé la suspension
des délais ?

2° Quand a-t-elle cessé ?

Examinons-les successivement :

1. A quel moment a commencé la suspension des délais ? Cette question revient à se demander si les décrets doivent être appliqués à partir de leur promulgation ou du jour de la déclaration de la guerre.

Supposons que ce soit à dater de leur promulgation ;
alors nous devons rechercher quand celle-ci a eu lieu,
et nous connaîtrons le moment précis où a commencé
la suspension des délais. Quels sont donc les principes
de la promulgation ? Ils sont contenus dans l'article 1er
du Code civil : « Les lois sont exécutoires dans tout le
» territoire français, en vertu de la promulgation qui en
» est faite par le président de la République ; elles se-
» ront exécutées dans chaque partie de la République
» du moment où la promulgation en pourra être con-
» nue. La promulgation faite par le Président de la Ré-
» publique sera réputée connue dans le département où
» sera le siège du gouvernement un jour après celui de
» la promulgation et dans chacun des autres départe-
» ments, après l'expiration du même délai, aug-
» menté, etc. »

Mais, lors de la promulgation de ces décrets, beaucoup de départements avaient leurs communications interrompues, et si le décret du 3 octobre a été promulgué à Paris le 4, remarquons qu'à cette époque Paris était investi, et que c'est à la date du 10 janvier 1871 que ce décret a été promulgué au *Moniteur universel*, à Bordeaux. On pouvait donc être conduit à admettre que ce décret n'était obligatoire dans les départements qu'à dater de sa promulgation spéciale.

Certains tribunaux ont même jugé en ce sens [1].

La Cour de cassation n'a pas suivi ce système, avec raison ce nous semble ; elle admet que pour toute la France, la suspension a commencé du jour de la déclaration de guerre [2].

Le système contraire conduirait à des conséquences désastreuses, tellement fâcheuses même, qu'on ne saurait douter qu'il faille mettre de côté ici les règles de la promulgation. À quelle époque les départements envahis pouvaient-ils connaître les décrets, alors surtout que, même après la guerre, l'occupation du territoire entravait le fonctionnement régulier de nos administrations ?

On pourrait nous objecter que la loi n'a pas d'effet rétroactif et ne dispose que pour l'avenir. Cela est vrai, mais nous estimons que les événements commandaient cette rétroactivité ; le législateur, d'ailleurs, peut faire une loi rétroactive. N'est-ce pas ce qu'il a entendu décréter quand il nous déclare que « les délais sont sus- » pendus pendant la durée de la guerre? » S'il avait

---

1. Paris, 21 nov. 1873, 20 janv. 1874. *Gazette des Tribunaux*, 23 janv. 1874.

2. Paris, 7 juill. 1871. D. 71, II, 160. Cass. 26 juin 1872. D. 72, I, 259. Cass. 17 déc. 1872, D. 73, I, 227.

voulu exclure la rétroactivité, il eût dit jusqu'à la fin de
la guerre et aurait ainsi indiqué qu'il entendait parler
des délais depuis la promulgation des décrets jusqu'à la
fin de la guerre. Il ne le fait point et les mots « pendant
la durée de la guerre » signifient depuis le jour où elle
a commencé jusqu'à celui où elle a fini.

Cet argument se trouve corroboré par cette considération tirée du second décret de 1870, art. 2, § 2 : « quant
» aux autres actes, dit ce décret, il est accordé à dater
» de la cessation de la guerre un délai égal à celui qui
» restait à courir au moment où elle a été déclarée. »
Voilà qui est topique. L'arrêt du délai est fixé au jour
de la déclaration de guerre ; dès lors, les décrets sont
applicables à partir de cette époque. Que si le législateur
ne l'avait pas voulu, il aurait accordé un délai égal à
celui restant à courir au jour de la promulgation.

Sans doute, le rapporteur de la loi du 26 mai 1871 [1]
a soutenu l'opinion contraire à la nôtre ; cependant, nous
n'en persistons pas moins à fixer le point de départ de la
suspension des délais au jour de la déclaration de guerre.

Ce système peut avoir des inconvénients, mais il nous
paraît avoir été celui du législateur, puisque, en présence des effets produits par cette législation exceptionnelle et la jurisprudence qui en était résultée, on proposa, dès 1876, de supprimer l'exception introduite par
les décrets de 1870.

2. Quel est le terme de la suspension des délais ? La
question paraît résolue par les décrets ; celui du 3 octobre porte que la suspension... « pendant la durée de la
» guerre... s'applique », et ailleurs, « il est accordé à da-
» ter de la cessation de la guerre. » Donc la suspension
du cours des délais doit cesser du jour où la guerre se

1. V. cette loi, *infrà*.

termine, du jour de l'échange des ratifications du traité de paix.

Mais, à cette dernière époque, l'occupation ennemie devait durer encore dans certains départements et les conservations des hypothèques ne fonctionnaient que très imparfaitement. De là des difficultés sérieuses et certaines que l'Assemblée nationale voulut éviter par la loi du 26 mai 1871, promulguée le 1er juin.

Il résulte des dispositions de cette loi que les péremptions d'inscriptions recommencent à courir le onzième jour après celui de sa promulgation, et que, à dater de cette époque, il est accordé un délai égal à celui qui restait à courir le jour de la déclaration de guerre.

Ces dispositions subissent des exceptions pour le département de la Seine, à cause des événements de la Commune ; elles ne seront applicables à ce département que onze jours après qu'un avis du ministère de la justice, inséré à l'*Officiel*, aura annoncé le rétablissement du cours de la justice dans la Seine. Exception est encore faite : 1° pour les personnes habitant la Seine et qui auraient à prendre des inscriptions dans d'autres départements ; 2° pour celles qui, habitant en dehors de la Seine, auraient à remplir les mêmes formalités dans ce département. Dans ces deux cas, le délai est augmenté du délai des distances selon le calcul établi par l'article 1er du Code civil.

L'avis du ministre de la justice a été inséré le 7 juin 1871 à l'*Officiel*.

Ces actes ont donc fixé d'une manière certaine la fin de la suspension de la péremption, mais ils ont donné naissance à des difficultés de pratique qui ont divisé la doctrine, les conservateurs des hypothèques et la jurisprudence.

10

D'abord, quelles péremptions visent les décrets de 1870 et la loi de 1871? S'appliquent-ils seulement à celles dont l'échéance arrive pendant la guerre ou bien doit-on y comprendre toutes celles en cours pendant cette période? En d'autres termes, ces décrets sont-ils applicables à toutes inscriptions, qu'elles eussent dû ou non se périmer pendant la guerre?

Deux solutions sont en présence :

L'une, qui admet que ces décrets et la loi de 1871 régissent toutes les inscriptions périmées ou non pendant la guerre.

L'autre, qui ne les applique qu'à celles devant se périmer pendant la guerre.

Premier système. — Toutes les inscriptions, qu'elles eussent dû ou non se périmer pendant la guerre, bénéficient de la suspension des délais.

En effet, dit-on, la loi ne distingue pas, elle est générale dans ses termes comme dans son esprit.

C'est en ce sens que la jurisprudence a fini par se fixer [1].

Deuxième système. — C'est celui que nous adoptons par les raisons suivantes qui nous semblent décisives.

Sans doute, les termes de la loi sont généraux, mais seulement quant aux péremptions et prescriptions. Si l'on admet que ces décrets visent même les inscriptions qui ne se seraient point périmées pendant la guerre, il n'y a pas de raison pour ne point les appliquer à tous les actes qui devaient avoir une durée limitée. Les motifs peuvent être les mêmes. Or, pareille extension nous semble n'avoir jamais été dans l'intention du législateur. Le décret du 3 octobre, interprétatif de celui du

1. Cass. 20 avril 1875. D. 75, 1, 209 et 211. — Cass. 15 mars 1876. D. 78, I, 64. — Toulouse. 15 mai 1875. D. 76, II, 155.

9 septembre, n'indique nullement l'intention d'étendre ce décret à toutes les péremptions. Le législateur a voulu venir en aide seulement aux créanciers hypothé-caires qui ne pourraient, par suite des événements de la guerre, renouveler leurs inscriptions ; or, la suspen-sion du cours d'une péremption, ne venant à échéance qu'après la fin de la guerre, n'aurait d'autre but que de favoriser l'inertie du créancier. En effet, celui-ci a pu agir dès le moment où la guerre a cessé, c'est-à-dire dès que les préliminaires de paix, signés à Versailles le 26 février 1871, ont été ratifiés, et ils l'ont été le 2 mars suivant. Dès ce moment donc, le créancier a pu faire valoir ses droits, et même la loi de 1871 lui donnait un délai de quelques jours en plus. Si l'échéance est rap-prochée, le créancier sera en faute de n'avoir pas agi. Il ne faut pas favoriser sa négligence.

En outre, avec le premier système, toutes les pres-criptions commencées avant la guerre se trouveraient modifiées dans leurs effets et il faudrait rechercher constamment si, pendant leur cours, elles ont été sus-pendues et de combien le temps requis pour prescrire se trouverait prolongé. On prévoit les conséquences de ce système qui aura pour résultat de compliquer les re-cherches des conservateurs, notamment pour savoir si, lors d'une demande d'état, telle ou telle inscription est périmée ou existe encore et exige une radiation pour disparaître.

Enfin, nous sommes ici dans une exception apportée à l'article 2154 C. civ.; dès lors nous devons l'interpré-ter strictement, et c'est le faire, que de limiter l'appli-cation de ces décrets aux hypothèses qu'ils ont entendu prévoir.

Nous estimons donc que les décrets de 1870 et la loi

de 1871 ne doivent s'appliquer qu'à celles des inscriptions devant se périmer pendant la durée de la guerre.

En résumé, la péremption de l'inscription a été suspendue du 19 juillet 1870 au 11 juin 1871 :

1° Pour les inscriptions à prendre dans les départements autres que la Seine par les habitants de ce département, ceux de l'Algérie et des colonies.

2° Pour les mêmes actes à remplir en Algérie et dans
les colonies par les habitants des départements autres
que la Seine.

Et du 19 juillet 1870 au 18 juin 1871 plus le délai des
distances, pour les mêmes actes à faire dans la Seine,
par tous les habitants de France, et, pour ceux habitant
la Seine qui ont à remplir ces formalités dans les autres
départements, l'Algérie et les colonies.

Une seconde difficulté s'est présentée dans la pratique : l'inscription dont la péremption est suspendue par
les décrets de 1870, subsiste-t-elle pendant la suspension, et doit-elle être comprise, indépendamment de
l'inscription en renouvellement, dans les états d'inscriptions ?

Il faut supposer, bien entendu, que la demande d'état
est faite dans les dix ans de la première inscription ;
autrement l'hypothèse ne se présenterait pas.

Cette question a été résolue négativement par certains
auteurs, par ce motif que les créanciers qui ont renouvelé n'ont pas à se prévaloir des délais suspensifs des
décrets de 1870 ; leurs inscriptions restent sous l'empire
du droit commun et sont périmées dans les dix ans à
compter de leur date. Dès lors le conservateur ne doit
pas dans les états comprendre et les inscriptions primitives et celles prises en renouvellement.

Nous écartons cette solution par cette raison que les

décrets de 1870 ne visent pas seulement les personnes qui n'ont pu renouveler leurs inscriptions. Ils établissent une suspension générale et profitent même aux créanciers qui ont pu renouveler leurs inscriptions. Le système contraire aboutit à donner une situation pire à celui qui a renouvelé ; celui qui est négligent et qui n'a pas renouvelé, aurait une situation meilleure que celui qui a effectué le renouvellement. C'est illogique.

Maintenant, comment admettre que le conservateur mentionne dans ses états et l'inscription primitive et celle prise en renouvellement? Le voici : très souvent, il arrive que l'inscription primitive est la seule qui protège les droits du créancier. Le renouvellement permet à l'inscription de continuer à produire son effet et les décrets de 1870 ont par cela même pour résultat d'accroître la durée de cet effet. Donc le créancier qui renouvelle son inscription pendant ce délai est comme celui qui renouvelle avant l'expiration des dix ans ; par conséquent, l'inscription primitive et celle prise en renouvellement coexistent pendant le temps fixé pour la durée de la première. D'ailleurs, il peut arriver que l'inscription en renouvellement soit nulle ; alors l'inscription primitive seule sauvegardera les droits du créancier. L'inscription originaire vit donc comme s'il n'y avait pas eu de renouvellement, au moins pour le reste du temps fixé pour son existence.

En conséquence, le conservateur devra dans ses états comprendre l'inscription primordiale et celle en renouvellement, et ce, bien que la première ait plus de dix ans de date, si, au moment de la réquisition des états, elle peut être considérée comme subsistante, à raison de la suspension du délai de péremption.

Ce que nous avançons est corroboré par cette observation fournie par la pratique : à savoir que, pour les inscriptions à l'occasion desquelles il n'y a pas lieu de faire la déduction imposée par les décrets de 1870, les conservateurs délivrent dans les états requis dans les dix ans de la première inscription, l'inscription en renouvellement si elle est antérieure à la date de la réquisition, et l'inscription originaire.

De nombreuses et graves difficultés s'étaient donc présentées sous l'empire des décrets de 1870. Pour y mettre fin et supprimer l'exception introduite par ces décrets, M. Pilet des Jardins fit, le 25 novembre 1876, une proposition de loi à la Chambre des députés. Il faisait remarquer que, depuis le rétablissement de la paix, les créanciers avaient pu faire tous actes utiles à la conservation de leurs droits, et que, avec le système des décrets, une inscription prise la veille de la guerre, durerait dix ans plus onze mois, soit jusqu'au 11 mai 1881. De plus, faisait-il observer, cette situation créerait des difficultés parce que la radiation ne résulterait plus du défaut de renouvellement dans les dix ans, et qu'il faudrait, pour chaque inscription, vérifier la durée dont les décrets de 1870 l'ont accrue. Enfin M. Pilet des Jardins proposait, pour éviter les surprises, de déclarer que cette loi ne serait applicable qu'un an après sa promulgation.

Malheureusement, cette proposition ne fut pas discutée. La Chambre fut dissoute et les événements politiques firent ajourner la proposition.

Vers la fin de 1878, la Chambre fut saisie d'une pétition adressée par un particulier à l'effet de provoquer une réforme. Enfin, le 18 mars 1879, le gouvernement s'inspirant de la proposition faite par M. Pilet des Jar-

dins présenta un projet de loi au Sénat. Le rapport en fut
fait par M. Demôle au Sénat, et par M. Berlet, à la Chambre des députés. Le projet fut voté et devint la loi du
20 décembre 1879 qui n'a qu'un seul article ainsi conçu :
« Le délai légal des prescriptions et péremptions en
» matière civile qui font l'objet des décrets des 9 sep-
» tembre et 3 octobre 1870, ainsi que de la loi du
» 26 mái 1871, ne sera plus augmenté du temps de sus-
» pension prévu par les décrets ci-dessus visés. — La
» présente loi ne sera pas applicable aux prescriptions
» et péremptions qui arriveraient à échéance dans l'an-
» née de sa promulgation. »

CHAPITRE II

L'article 2154, par ses termes généraux, impose l'obligation du renouvellement pour toutes les inscriptions, qu'il s'agisse d'hypothèque conventionnelle légale, judiciaire, d'inscription d'office ou de privilège. La loi ne distingue pas.

Ce point est d'autant plus certain que la loi du 11 brumaire an VII, imposait dans son article 23, la nécessité du renouvellement pour toutes les inscriptions, sauf quelques exceptions. Ainsi, les inscriptions prises sur les immeubles des comptables et de leurs cautions avaient effet jusqu'à l'apurement définitif du compte et six mois au delà (art. 23). De même, les inscriptions sur les biens des époux pour tous leurs droits et conventions de mariage duraient pendant tout le temps du mariage et une année après.

Le Code civil ne reproduisant pas ces exceptions, on en doit conclure qu'elles n'existent plus, ce qui, d'ailleurs, se comprend aisément. En effet, quant aux femmes mariées et aux mineurs, on ne devait pas ordonner le renouvellement d'une inscription que le Code civil ne déclarait plus nécessaire pour l'établissement de leur hypothèque. Mais les maris, les tuteurs auxquels incombe l'obligation d'inscrire l'hypothèque légale grevant leurs biens, doivent renouveler ; de même, depuis la loi du 23 mars 1855, les femmes mariées devenues veuves, les mineurs devenus majeurs doivent s'inscrire et par conséquent renouveler.

La généralité d'application de l'article 2154 n'est plus douteuse aujourd'hui depuis l'avis du Conseil d'Etat du 15 décembre 1807, approuvé le 22 janvier 1808, inséré au *Bulletin des Lois*. Cet avis déclare que l'article 2154 doit s'appliquer à toutes les inscriptions, sauf les exceptions formellement prescrites dans nos lois [1].

Remarquons, en ce qui concerne le renouvellement de l'inscription portant sur les immeubles affectés au cautionnement des conservateurs, que l'article 7 de la loi du 21 ventôse an VII laissait l'inscription une fois prise subsister pendant la durée de la responsabilité du conservateur, sans renouvellement. Mais, depuis l'avis du Conseil d'État ci-dessus, cette inscription est soumise au renouvellement et l'administration de l'Enregistrement a pris des mesures pour en assurer l'exécution.

L'article 2154 pose donc un principe tout à fait général. Néanmoins, cette règle subit des exceptions :

I. La loi du 16 septembre 1807, dans son article 23, porte que les indemnités dues aux concessionnaires ou à l'État, à raison de la plus-value résultant des desséchements de marais, auront privilège qui se conservera par la transcription du décret ou de l'acte de concession de desséchement ; il n'y aura pas lieu au renouvellement décennal, parce qu'il s'agit ici d'une matière spéciale et que la loi de 1807 ne parle nulle

1. Locré, XVI, p. 464 et s.

part du renouvellement. De plus, il n'y a aucune inscription à prendre, pas même d'office, parce que la
transcription est collective, sans désignation individuelle
des propriétaires.

II. Une seconde exception concerne le Crédit foncier.

D'après l'article 47 du décret du 28 février 1852, les
inscriptions hypothécaires consenties au profit des sociétés de Crédit foncier sont dispensées, pendant la
durée du prêt, du renouvellement décennal prescrit
par l'article 2154.

Cette exception a été motivée par les considérations
suivantes : les prêts du Crédit foncier sont faits, en
général, à long terme, et les remboursements anticipés
sont fort rares ; il eût donc été peu pratique d'imposer
à ces sociétés l'obligation du renouvellement décennal
qui aurait pu entraîner des omissions graves. Mais aujourd'hui que les prêts du Crédit foncier sont passés
dans les mœurs et que l'institution a pris son entier
développement, on peut critiquer cette législation exceptionnelle qui survit à sa cause et que l'on peut considérer comme un privilège exorbitant. Le Crédit foncier,
avec sa large et puissante organisation, pourrait facilement et sans danger, veiller au renouvellement de ses
inscriptions, et la faveur exceptionnelle dont il jouit
fait perdre des droits assez considérables au Trésor.
Les dangers que le Crédit foncier courrait, s'il était
soumis à l'article 2154, ne seraient rien en comparaison de ceux que le décret de 1852 fait courir aux tiers
et aux conservateurs.

Les conservateurs, en effet, doivent, dans les états
d'inscriptions qu'ils délivrent, mentionner les inscriptions du Crédit foncier, même remontant à plus de dix

ans, car, tant qu'elles ne sont pas radiées, ces inscriptions existent. Comme, en moyenne, il s'agit de sommes assez élevées, l'administration de l'Enregistrement a prescrit, par son instruction n° 2210, du 3 février 1862, d'annoter ces inscriptions d'un signe particulier sur le répertoire des formalités hypothécaires. En fait, on les souligne en rouge, afin qu'elles attirent de suite l'attention, car elles peuvent se trouver en quelque sorte dissimulées au milieu d'inscriptions remontant à plus de dix ans. Il n'en reste pas moins un danger, car le signe distinctif de cette inscription peut disparaître ou passer inaperçu.

On a proposé, pour éviter ces inconvénients, de prendre un volume de la table du répertoire et de l'intituler Table du Crédit foncier. On établirait cette table d'après les vingt-cinq lettres de l'alphabet, et elle ne servirait que pour les débiteurs du Crédit foncier. On emploierait également un volume du répertoire sur lequel on ne ferait figurer au compte du grevé que les inscriptions prises au profit du Crédit foncier. Ce compte serait indépendant de celui ouvert au répertoire général ; cependant, sur celui-ci, on indiquerait le numéro du compte ouvert au répertoire du Crédit foncier [1].

Sans recourir à ce moyen, on pourrait, sur le répertoire des formalités hypothécaires, établir au compte de chaque individu une case spéciale au Crédit foncier, et alors toute inscription dans cette case frapperait de suite les yeux du conservateur.

Le système actuel offre tant de dangers que les notaires prudents ajoutent toujours sur leurs réquisitions une

1. Hervieu, *Dictionnaire des hypothèques*, p. 228.

demande spéciale relative aux inscriptions requises par le Crédit foncier à toutes dates.

Sauf ces exceptions, toute inscription de privilège ou d'hypothèque doit être renouvelée.

Aucune difficulté ne se présente pour les privilèges de copartageant, d'architecte ; mais, en ce qui concerne le privilège du vendeur, la doctrine et la jurisprudence se sont divisées. La difficulté réside dans l'article 2108 C. civ., qui porte que la transcription de la vente vaut inscription, et qu'elle conserve le privilège du vendeur. Mais le conserve-t-elle indéfiniment et l'inscription d'office prise par le conservateur est-elle dispensée du renouvellement ?

On a soutenu l'affirmative. Les principes qui gouvernent le privilège du vendeur sont dans l'article 2108. Le vendeur conserve son privilège par la transcription de la vente, sans avoir besoin de prendre une inscription ni de la renouveler.

Les travaux préparatoires, dit-on, sont en ce sens ; en effet : « quand la transcription atteste que le prix n'est » pas payé en entier, le public est averti... ni les acqué- » reurs ni les prêteurs ne peuvent plus être trompés. » Toute inscription particulière devient donc inutile ; il » n'y a pas de motif d'en faire une condition qui expose » la créance du vendeur, si le conservateur est négli- » gent. »

Il est vrai que l'article 2108 prescrit que le conservateur doit prendre une inscription d'office ; mais cette disposition fut admise sur la demande de Jollivet, pour que le registre des inscriptions soit complet, sans que l'omission de cette formalité nuise à la conservation du privilège [1].

1. Locré, XVI, p. 247.

La loi dit bien que la transcription vaut inscription, mais, disent les partisans de ce système, elle veut seulement comparer l'effet commun que ces deux formalités produisent. Elle laisse à chacune le caractère qui lui est propre ; la transcription conservera le privilège du vendeur, comme l'inscription conserve les autres privilèges.

Tel est le sens de l'article 2108. Par conséquent, il est impossible d'étendre l'article 2154 à la transcription dont il ne parle pas et dont il n'avait rien à dire, puisque la transcription une fois faite n'a pas besoin d'être enouvelée [1].

Nous n'adoptons pas cette opinion et nous croyons, au contraire, que le vendeur doit renouveler l'inscription d'office.

D'abord, à l'argument tiré des travaux préparatoires on peut répondre qu'il ne porte pas, car, lors de la discussion de l'article 2108, on ne savait si on admettrait le renouvellement décennal dont même il n'avait pas encore été question.

Notre solution, d'ailleurs, repose sur des textes. Le premier de ces textes est un rapport du grand juge, du 17 novembre 1807, dans lequel, tout en reconnaissant que l'on ne saurait concilier le principe de la conservation des droits du vendeur par la transcription avec celui du renouvellement décennal, il déclare qu'il appartient au Conseil d'État de décider si la transcription conserve à perpétuité le privilège du vendeur. Le Conseil d'État, consulté, rendit un avis, le 22 janvier 1808, sur le rapport de Treilhard, le même qui, en 1804, avait présenté au Corps législatif l'exposé des motifs du titre des privilèges et des hypothèques.

1. Pont. I, n° 274. — Colmet de Santerre, IX, n° 134 *bis*, IX. — Dalloz. A. *Trans. hyp.*, n° 560.

Cet avis porte que : « l'inscription d'office doit être re-
» nouvelée comme toute autre pour la conservation de
» l'hypothèque ; c'est au vendeur à veiller au renouvel-
» lement. Il ne doit pas se trouver blessé par une obli-
» gation qui lui est commune avec tous les créanciers
» sans exception, quand ils veulent conserver leurs
» droits. »

Cette décision, érigée en décret par le chef du gouvernement, non attaquée pour inconstitutionnalité, a
force législative. Nous estimons par conséquent que la
question ne peut plus recevoir maintenant une solution
contraire à celle que nous adoptons avec la plupart des
auteurs et une jurisprudence constante [1].

Si le conservateur ne prenait pas ou prenait l'inscription d'une façon irrégulière, le vendeur n'en conserve-
rait pas moins son privilège pendant dix ans par la transcription requise par lui vendeur ou l'acheteur. Mais si
l'omission ou l'irrégularité devait causer un préjudice,
le conservateur serait responsable. On a fait observer [2] que la responsabilité peut se trouver atténuée par
ce fait que le tiers lésé aurait consulté seulement les registres des inscriptions, sans consulter aussi celui des
transcriptions.

Cette remarque est parfaitement exacte ; c'est en effet,
par le registre des transcriptions que les tiers peuvent
savoir si les inscriptions grevant tel immeuble ont été
prises dans les délais. Le registre des transcriptions fait
connaître le droit du vendeur que le registre des inscriptions n'annoncerait pas, par la faute du conservateur.
Sans doute, ce dernier ne peut forcer le tiers à requérir

---

1. Mourlon. *Transcription*, II, n° 692. — Troplong, I, n° 286, *op. cit.*
— Cass., 2 décembre 1863. D. 64, I, 105.
2. Troplong, *loc. cit.*

un état des aliénations, mais cette circonstance n'en diminue pas moins la responsabilité du conservateur.

Il est une forme de titres hypothécaires qui devient de plus en plus fréquente et a été reconnue légitime par la jurisprudence, c'est celle du titre au porteur ou du billet à ordre. La pratique montre journellement des actes authentiques souscrits en la forme d'obligations à ordre ou transmissibles par voie d'endossement et contenant une affectation hypothécaire. L'inscription de ces hypothèques transmissibles avec la créance sera soumise au renouvellement décennal [1].

Peut-on renouveler une inscription radiée? L'affirmative nous paraît certaine; le conservateur ne peut refuser de renouveler une semblable inscription. La radiation peut avoir été le fait d'un consentement vicié ou surpris par dol; elle a pu être consentie sous une condition inconnue au conservateur; ou bien le droit de demander le renouvellement peut résulter d'un acte ou d'un jugement postérieur à la radiation. En définitive, on ne saurait empêcher un créancier de donner une mainlevée temporaire et de rétablir ensuite l'inscription.

La jurisprudence a statué sur plusieurs hypothèses de ce genre, en recherchant quels étaient alors les effets du renouvellement, mais jamais on n'a attaqué la validité même du renouvellement.

D'ailleurs, aucune loi ne défend de renouveler une inscription radiée, et si le renouvellement a été fait à tort, le tiers sur les biens duquel l'inscription a été renouvelée, attaquera le requérant en mainlevée d'hypothèque et en dommages-intérêts.

1. Angoulème, 24 décembre 1850, D, 52, II, 280. — Paris, 15 mai 1878, D, 82, I, 108. — Douai, 12 mai 1880, D, 82, II, 243. — Dijon, 5 août 1858. *Recueil des arrêts de la Cour de Dijon*, année 1858. — Bordeaux 18 mars 1852, D, 52, II, 280.

Défendre le renouvellement d'une inscription radiée, ce serait établir les conservateurs juges du mérite des inscriptions. Or, le ministère de ces fonctionnaires se borne à un rôle purement passif, au moins en général. On ne saurait donc contraindre le conservateur à remonter à l'inscription primitive, à voir s'il n'y a pas eu de radiation en marge, la comparer avec le renouvellement, et, s'il y a eu radiation partielle, rechercher quels sont les immeubles qu'elle ne vise pas, et sur lesquels, seuls, le renouvellement pourra porter. On prévoit les nombreuses difficultés qu'un pareil système ferait naître, surtout si l'on songe que très souvent, en fait, les créanciers attendent au dernier jour utile pour renouveler. Le conservateur ne peut donc sortir de son rôle passif et il n'en sortira que si sa responsabilité est à couvert.

Un exemple s'en est récemment présenté dans une conservation des hypothèques du centre de la France. Un jugement avait ordonné la radiation d'une inscription: le conservateur radie; quelque temps après, renouvellement est requis de l'inscription radiée et le conservateur renouvelle : nouveau jugement ordonnant la radiation qui est effectuée une seconde fois. Le créancier renouvelle encore son inscription: émoi des parties et le conservateur ne s'est refusé à renouveler que du jour où les intéressés se sont présentés munis d'un jugement ordonnant la radiation de l'inscription et contenant défense formelle au conservateur de renouveler.

On a objecté, il est vrai, que renouveler une inscription radiée serait laisser croire à l'existence d'une inscription morte et que la délivrance de cette inscription renouvelée dans les états induirait les tiers en erreur, surtout le juge commissaire aux ordres et occasionnerait ainsi des collocations sans cause.

La réponse est facile. Remarquons d'abord que la radiation peut être partielle, et que, par conséquent, l'inscription peut ne pas être morte. En outre, le système contraire aboutirait à faire sortir le conservateur du rôle qui lui est attribué. Enfin, au cas d'une collocation erronée le conservateur ne peut en être rendu responsable. C'est au poursuivant à requérir, lors de l'ouverture de l'ordre, l'état des inscriptions depuis dix ans et de celles antérieures qui ont été renouvelées pendant ces dix ans. Les créanciers sauront alors si les inscriptions renouvelées l'ont été en temps utile. Dans la pratique les états présentés au juge commissaire sont, en général, dressés d'après ces principes.

Une inscription frappée d'une irrégularité qui n'entraîne pas la nullité peut être rectifiée. L'erreur peut provenir soit du conservateur, soit du créancier ou de son mandataire.

Au premier cas, le conservateur peut d'office rectifier l'inscription, sans qu'il soit nécessaire d'un jugement préalable qui autorise ou ordonne la rectification. Le Conseil d'État consulté sur ce point par le directeur de l'Enregistrement émit, le 26 décembre 1810, l'avis qu'il n'était pas nécessaire que l'autorité judiciaire intervînt chaque fois qu'il s'agirait d'une rectification d'inscription.

Dans le second cas, le créancier présentera de nouveaux bordereaux.

Dans l'une et l'autre hypothèse, la rectification se fait en portant sur les registres, à la date courante, une nouvelle inscription conforme au droit rectifié. Seulement, la nouvelle inscription sera accompagnée d'une note relatant la première inscription à rectifier et le conservateur délivrera l'une et l'autre dans les états ; par suite de cette modification, les deux inscriptions n'en forment plus qu'une seule. Il est vrai que l'avis du Conseil d'État n'exige cette mesure que pour les rectifications faites par le conservateur ; mais, dans l'intérêt des tiers, nous pensons devoir l'étendre aux rectifications requises par les parties intéressées.

« Cette rectification, disent MM. Aubry et Rau [1], » n'aura effet que pour l'avenir et ne valide pas l'inscription primitive. »

On en a déduit que le créancier devait renouveler dans les dix ans à compter de l'inscription rectificative.

Nous ne sommes pas aussi affirmatif ; nous croyons qu'il faudra distinguer et que les juges du fait auront un pouvoir d'appréciation qui trouvera sa mesure dans l'intérêt même des tiers. Si la rectification porte sur la quotité de la somme garantie, sans aucun doute, le renouvellement devra être effectué dans les dix ans de l'inscription rectificative ; mais si, par exemple, et le cas s'est présenté récemment, une inscription est prise sur les immeubles A et B et que, plusieurs jours après, le créancier s'aperçoive qu'il a omis l'immeuble C et prenne une inscription rectificative portant sur ce dernier immeuble, nous pensons qu'il y aura lieu de renouveler chaque inscription dans le délai des dix ans de chacune.

Jusqu'à présent, nous avons vu quelle est la portée générale de l'article 2154 et nous avons examiné quelques hypothèses particulières. Si le renouvellement décennal est exigé pour toutes les inscriptions, on peut se demander s'il est également nécessaire lorsqu'il s'agit d'une subrogation.

Il est certain que la subrogation à l'hypothèque légale

1. T. III § 278.

de la femme mariée devant être rendue publique d'après la loi du 23 mars 1855, l'inscription, qu'elle soit prise par le subrogé ou par la femme se périme par dix ans et doit être renouvelée dans ce délai. D'un autre côté, la mention inscrite en marge de l'inscription ne survit pas à cette dernière ; dès lors, le subrogé devra, soit renouveler l'inscription prise à son profit, soit renouveler la mention inscrite en son nom en marge de l'inscription d'hypothèque légale, ce qu'il fera en renouvelant cette dernière en son profit direct. Enfin, il peut arriver que, l'hypothèque légale de la femme ayant été inscrite pendant le mariage et dix ans avant la dissolution du mariage, il y ait eu une subrogation dans cette hypothèque ; cette subrogation devra être renouvelée tout aussi bien que n'importe quelle inscription. Soumis à la loi commune, les subrogés sont tenus au renouvellement décennal ; sans cela, les tiers qui veulent contracter avec une femme mariée depuis dix ans, devraient consulter tous les registres antérieurs à cette période.

Si ces points sont certains, il n'en est plus de même pour d'autres subrogations qui ne sont guère usuelles, puisque la pratique et la jurisprudence semblent les ignorer. Nous voulons parler des hypothèses suivantes :

1° Subrogation du Crédit foncier dans l'hypothèque légale d'une femme mariée ;

2° Subrogation du Crédit foncier dans une hypothèque ordinaire ;

3° Subrogation d'un particulier dans une inscription prise au profit du Crédit foncier.

Recherchons si, dans ces trois cas, le renouvellement décennal doit avoir lieu.

I. *Subrogation du Crédit foncier dans l'hypothèque lé-*

gale d'une femme mariée. — La femme cède son rang
au Crédit foncier qui pourra ainsi la primer ; elle su-
broge cette société dans son hypothèque, par cela même
elle consent à n'être payée qu'après le remboursement
du prêt ; peu importe que l'hypothèque de la femme ait
été ou non inscrite avant la subrogation. Celle-ci est la
condition du prêt, elle en est l'accessoire et son inscription doit profiter des avantages accordés au Crédit foncier. Elle sera donc dispensée du renouvellement décennal.

Cette décision est conforme aux motifs qui ont inspiré
le législateur de 1852. Ce dernier a voulu favoriser les
inscriptions, de quelque nature qu'elles soient, prises au
profit des sociétés de crédit foncier, par conséquent, il
est logique, dans notre espèce, de dispenser la subrogation du renouvellement.

II. *Subrogation du Crédit foncier dans une hypothèque
ordinaire, conventionnelle par exemple.* — Celle-ci étant
inscrite, le Crédit foncier sera-t-il soumis au renouvellement décennal[1] ?

Il faut distinguer : si la subrogation est une cession
d'antériorité, le renouvellement ne sera pas nécessaire ;
la raison de décider ainsi est la même que celle donnée
ci-dessus pour la subrogation dans l'hypothèque légale
de la femme.

Mais si la subrogation est une subrogation ordinaire,
si, par exemple, le Crédit foncier rachète une rente inscrite, nous croyons qu'alors cette société sera soumise
à l'obligation du renouvellement décennal. En effet,

---

1. D'après la loi du 28 février 1852, le Crédit foncier ne pouvait prêter
que sur première hypothèque ; depuis la loi du 1er juin 1853 il peut
prêter si les charges existantes, garanties d'évictions ou rentes
viagères et le montant du prêt ne dépassent pas la moitié de la valeur
de l'immeuble grevé.

les tiers peuvent ignorer le contrat de rachat, et croire si l'inscription n'a pas été renouvelée, qu'elle est périmée. De plus, nous sommes ici dans une législation d'exception. Le Crédit foncier a des avantages, des privilèges qu'il ne convient pas d'étendre, quand les raisons qui les ont motivées n'existent plus. Or, ces avantages sont accordés aux inscriptions prises à raison des prêts effectués par cette société. Dans l'espèce, nous ne sommes pas en présence d'un prêt foncier, mais d'un prêt ordinaire, puisque le crédit-rentier a été désintéressé. Donc, nous sommes en dehors des hypothèses que la loi a voulu favoriser : le Crédit foncier devra renouveler l'inscription prise en faveur du créancier dans les droits duquel il est subrogé.

III. *Subrogation d'un particulier dans une inscription prise au profit du Crédit foncier.*

Il ne s'agit pas ici d'une cession d'antériorité à cause de la législation spéciale concernant le Crédit foncier ; mais cette société sera désintéressée soit par le débiteur, soit par un créancier postérieur. Faudra-t-il renouveler ?

De deux choses l'une : ou la subrogation n'a pas été inscrite ou elle l'est.

Elle ne l'a pas été : nous pensons qu'il n'y a pas lieu de renouveler. On peut objecter, il est vrai, que la dispense de renouvellement est accordée en raison de la qualité des personnes. Nous estimons, au contraire, que le but de la loi n'est pas d'avantager telle personne plutôt que telle autre, mais le prêt foncier en lui-même indépendamment de la qualité des personnes. Par conséquent, si le subrogé, mis aux lieu et place du Crédit foncier doit remplir les obligations et devoirs imposés au subrogeant, il doit, en revanche, user des préroga-

tives accordées à son subrogeant et notamment, être
dispensé de l'obligation de renouveler. D'ailleurs, la
subrogation n'étant pas inscrite, les tiers ne connaissent
que l'inscription du Crédit foncier, inscription dispensée
de renouvellement ; que leur importera alors que ce
soit le Crédit foncier lui-même ou une autre personne
qui se présente à l'ordre ?

La subrogation a été inscrite ; elle a pu l'être de deux
façons :

1. Par une mention en marge de l'inscription primitive du Crédit foncier ;

2. Par une inscription relatant la subrogation, inscription prise au nom et au profit du subrogé.

Dans le premier cas, la mention n'étant que l'accessoire de l'inscription est liée à l'existence de celle-ci ;
le subrogé qui opère cette mention entend profiter des
avantages attachés à l'inscription et notamment de la
dispense de renouvellement. D'un autre côté, le Crédit
foncier, en acceptant cette seule mention, veut faire
profiter le tiers subrogé des prérogatives dont il jouit.
Celui-ci, d'ailleurs, doit pouvoir comme subrogé user
des avantages conférés à son subrogeant. Enfin, on ne
peut pas dire que la nature foncière du prêt soit chan-
gée.

Dans le second cas, nous pensons, au contraire, que
la dispense de renouvellement doit cesser. Le subrogé
a pris inscription en son nom ; c'est donc que le Crédit
foncier a entendu ne point le faire profiter des bénéfices
à lui concédés par la loi. Dès lors, le subrogé a dû se
soumettre à la loi commune et il le manifeste en prenant l'inscription en son nom. Le contraire pourrait
induire les tiers en erreur ; ceux-ci en présence d'une
inscription mentionnant la subrogation, mais prise au

nom et profit du subrogé, doivent penser qu'il s'agit d'une inscription ordinaire soumise, par conséquent, à la loi commune du renouvellement décennal.

Depuis la loi du 28 mai 1858, le Crédit foncier a été substitué à l'État pour les prêts destinés à faciliter le drainage. Le privilège de l'État devait être inscrit et renouvelé ; en est-il de même pour le Crédit foncier?

Si le Crédit foncier a fait lui-même le prêt, il devra renouveler l'inscription. Cette société est soumise à une législation propre en ce qui concerne le prêt foncier et la loi de 1858 ne contient aucune dispense de renouvellement.

On peut supposer que le prêt ayant été fait par l'État, le Crédit foncier a été subrogé dans les droits et obligations de ce dernier; faudra-t-il renouveler l'inscription? L'affirmative ne nous semble pas douteuse. D'après l'article 1250 C. civ. le subrogé est aux lieu et place du subrogeant ; il en a toutes les obligations et tous les droits, mais il n'en a pas davantage, or, le subrogeant devait renouveler, donc le subrogé le devra également. Nous sommes, d'ailleurs, dans une matière d'exception qui doit être interprétée strictement, et si le législateur avait entendu dispenser ici le Crédit foncier du renouvellement, il n'aurait pas manqué de le dire et de l'indiquer dans la loi de 1858 qui est postérieure à celles de 1852 et 1853.

CHAPITRE III

OU DOIT-ON RENOUVELER. — QUI PEUT RENOUVELER. — AU
NOM DE QUI LE RENOUVELLEMENT PEUT ÊTRE FAIT. —
FORMALITÉS DU RENOUVELLEMENT.

Où doit-on renouveler ?

On doit renouveler au bureau de la situation des
biens ; cela est certain. Si les biens grevés de l'inscription primitive, par l'effet d'une nouvelle démarcation,
se trouvent, à l'époque du renouvellement, situés dans
l'arrondissement d'un autre bureau, c'est à ce dernier
bureau qu'il faut renouveler, parce qu'une inscription
doit être et ne peut être prise qu'à celui de la situation
des biens.

Qui peut renouveler ?

En principe, c'est le créancier hypothécaire qui doit
renouveler, et on n'exige pas de lui la capacité civile : la
femme mariée, le mineur, l'interdit peuvent accomplir
cet acte conservatoire de leurs droits sans l'autorisation du mari ou du tuteur, et ce, soit par eux-mêmes,
soit par un tiers. Mais si ces incapables peuvent accomplir seuls ces actes, l'administrateur légal de leurs biens
est tenu de veiller, sous peine de dommages-intérêts, au
renouvellement et de le faire opérer. La même obligation existe à la charge de l'usufruitier d'une créance hy-

pothécaire, car, d'après le droit commun, l'usufruitier
doit conserver la chose dont il jouit, et, par conséquent,
renouveler l'inscription en son nom et au nom du nu
propriétaire ; il a d'ailleurs en mains les titres de
créance.

De même les liquidateurs d'une faillite doivent veiller
au renouvellement des inscriptions prises au nom du
failli [1].

Le créancier hypothécaire peut donc requérir le renouvellement par lui-même ou par un tiers, mandataire
légal ou conventionnel. Le mandataire conventionnel devra veiller au renouvellement des inscriptions, et sa
responsabilité se réglera d'après les principes généraux
du mandat. Peu importe la forme du mandat, authentique, verbale ou sous seing privé.

Ce point intéresse particulièrement les avoués, huissiers, notaires, et la jurisprudence, à leur égard, s'est
divisée en deux camps.

Au début, les tribunaux ont vu dans les notaires des
mandataires de leurs clients, chargés, comme tels, de
veiller à l'inscription de l'hypothèque et à son renouvellement. Le notaire qui a en dépôt les titres de créance,
en l'étude duquel le paiement des intérêts et le remboursement du capital doivent avoir lieu, doit accomplir les
actes conservatoires des droits de son client. De même,
l'avoué qui a reçu la grosse du titre avec mandat de
recouvrer, a implicitement reçu mandat de faire tous
actes conservatoires, d'inscrire et renouveler [2].

La jurisprudence, et nous l'approuvons, semble aujourd'hui fixée dans le sens contraire. La Cour su-

1. Cass,, 3 fév. 1874, D. 74, I, 103.
2. En ce sens : Paris, 21 mai 1851, 27 août 1852, D. 54, II, 75. —
22 juin 1854, 14 janvier 1854, 13 juin 1854, D, 55, II, 252.

prême, par arrêt du 14 juillet 1847[1], a décidé qu'il n'existe aucun mandat légal imposant aux notaires le devoir de prendre inscription, et, depuis cette époque, elle a persévéré dans cette voie par plusieurs arrêts. La plupart des cours d'appel se sont ralliées à cette doctrine[2].

En effet, quand un notaire a reçu un acte, il n'a plus à s'occuper des suites de cet acte, ni à envisager les formalités nécessaires pour en assurer l'efficacité. La loi du 25 ventôse an XI ne leur impose nullement cette mission qui, d'ailleurs, pourrait conduire à des résultats contraires à l'intention des parties. Le notaire peut ignorer, même s'il est chargé de recevoir les intérêts, une convention intervenue entre les parties, laquelle peut rendre le renouvellement inutile. Les intéressés ont peut-être entendu recourir à la péremption pour faire disparaître l'inscription, sans avoir à payer les frais d'une radiation.

Le notaire ne peut donc être rendu responsable du défaut de renouvellement, à moins, bien entendu, qu'il n'ait reçu mandat à cet effet.

On pourrait objecter que la jurisprudence n'a été appelée à statuer que sur l'inscription hypothécaire, et qu'aucun arrêt ne prévoit le cas du renouvellement. Cette objection n'est pas décisive, car la solution admise pour l'inscription originaire doit, *a fortiori*, être appliquée au renouvellement.

Les mêmes principes doivent être suivis, en ce qui concerne les avoués et huissiers, qui, munis de la grosse

---

1. D. 47, I, 350.
2. Cass. 14 février 1855, D. 55, I, 170. — Rouen, 7 décembre 1848, D. 49, IV, 155. — Nîmes, 27 juin 1849, D. 50, II, 66. — Paris, 28 juillet 1851. D. 52, II, 145.

du titre, sont chargés de recouvrer une créance hypothécaire. Ces officiers ministériels sont chargés des actes
de procédure, et le mandat à eux donné ne renferme que
la faculté de procéder aux actes qui sont dans les limites
de leur ministère. On ne peut dire qu'ils aient mission
de remplir les mesures conservatoires de la créance à
recouvrer ; prendre une inscription ou la renouveler
n'est nullement dans le rôle des avoués ou huissiers ; ni
le Code civil ni le Code de procédure ne les en char-
gent.

C'est donc une question de fait que les juges auront
à examiner ; ils verront si les circonstances de la cause
permettent d'étendre le mandat à ces actes conservatoires [1].

Remarquons d'ailleurs que l'omission du renouvellement, quand il y a eu mandat de le faire, ne donne pas
ouverture à une action en garantie immédiate, mais à
une garantie éventuelle : il n'y a lieu qu'à des réserves
pour le cas où un préjudice se réaliserait [2].

Les inscriptions sur les immeubles affectés au cautionnement des conservateurs, sont renouvelées par les
soins des conservateurs intéressés, sous la surveillance
des Directeurs, six mois avant l'expiration du délai décennal. Quand l'intéressé a cessé ses fonctions, le renouvellement est fait par le conservateur en exercice [3].

---

1. En ce sens : Bourges, 13 décembre 1851, D. 54, II, 139. — Cass ,
6 août 1855, D. 55, I, 418. — Cass., 23 novembre 1857, D. 58, I, 173. —
Agen, 18 février 1873, D. 74, II, 79. — *Contrà*, Metz, 17 décembre 1852,
D. 54, II, 113. — Toulouse, 15 mai 1875, D, 76, II, 155.

2. Cass. 5 janv. 1852, S. 53, I, 216.

3. D'après un décret du 26 décembre 1812, les conservateurs devaient
renouveler d'office les inscriptions relatives aux rentes et redevances
faisant partie des dotations, dans le mois qui précède l'expiration du
délai où cesserait l'effet des inscriptions.

Quant au renouvellement des inscriptions sur les biens des comptables et des condamnés, il doit être requis par ceux qui ont pris l'inscription primitive.

S'il s'agit d'un titre au porteur, ce sera le porteur du titre hypothécaire qui renouvellera.

Le conservateur n'a pas à vérifier le renouvellement de l'inscription d'office prise en vertu de l'article 2108. Ce sera au vendeur à veiller à ce que son inscription d'office ne se périme pas. Le conservateur, en effet, au bout de dix ans, ignore si la créance du vendeur est ou non soldée ; comment, d'autre part, tenir note de toutes les ventes qui ont été transcrites pour surveiller, chaque jour, le renouvellement des inscriptions d'office ?

Quid, si néanmoins le conservateur, *proprio motú*, opère le renouvellement ? Les tiers ne seront pas fondés à se plaindre d'un droit qui leur est révélé dans les formes prescrites par la loi. Ils ne sont pas juges des actes du conservateur.

Au nom de qui est fait le renouvellement ? Au nom du titulaire de la créance hypothécaire, tel est le principe, et ce, même au nom du titulaire primitif. Ainsi les héritiers d'un créancier hypothécaire peuvent renouveler au nom de leur auteur comme en leur nom personnel. Il se peut, en effet, que le renouvellement soit nécessaire avant que le nombre des héritiers soit connu ; d'autre part, un héritier peut se trouver évincé par un plus proche, ou venir en concours avec d'autres héritiers au même degré, découverts récemment. Ces faits ne sauraient mettre en danger une créance, alors qu'un renouvellement au nom du *de cujus* peut tout sauver. Enfin, l'article 2149 permet bien de prendre inscription sous le nom du débiteur défunt ; pourquoi refuser pareille faculté pour la désignation du nom du créancier dans une inscription en renouvellement, alors que la loi le permet pour la désignation du débiteur dans une inscription originaire ?

Quand il s'agit d'un titre hypothécaire au porteur ou transmissible par endossement, le renouvellement se fera soit au nom du porteur du titre, soit au nom du titulaire originaire.

Mais il arrive souvent qu'une créance hypothécaire, non revêtue des formes commerciales, est cédée. La question se pose alors de savoir si le cessionnaire peut opérer le renouvellement en son propre nom, et cela, alors même que le cession n'a pas été notifiée au débiteur cédé ou n'a pas encore été acceptée authentiquement.

Nous pensons que le cessionnaire peut effectuer ce renouvellement. L'article 1690 n'a pas à intervenir ici ; son but est de rendre la cession opposable aux tiers. La notification, l'acceptation authentique sont nécessaires pour informer le cédé qu'il a changé de créancier, et les cessionnaires postérieurs ou les créanciers du cédant qu'il y a eu une cession de la créance hypothécaire. Mais ces formalités importent peu pour les créanciers du cédé, car la cession ne change en rien leur position : que le créancier hypothécaire soit Paul ou Pierre, peu leur importe. Même avant l'accomplissement de ces formalités, le cessionnaire peut faire des actes conservatoires, or, tel est le caractère d'un renouvellement.

La jurisprudence s'est formellement prononcée en faveur de cette opinion. Elle décide que l'inscription prise par le cédant est valablement renouvelée par le cessionnaire, soit au nom du cédant, soit en son nom personnel, comme étant aux droits de ce dernier, encore que l'acte de cession soit sous seing privé et qu'il n'ait été ni enregistré, ni signifié au débiteur [1].

Si le cessionnaire peut, avant la signification de la cession, renouveler en son propre nom, peut-il le faire au nom du cédant, après cette signification ?

Oui ; sans doute, dès l'accomplissement de ces formalité, il n'y a qu'un créancier, le cessionnaire, mais ce n'est pas une raison pour lui défendre de renouveler au nom du cédant. En effet, que les droits de celui-ci soient exercés par lui-même ou par un tiers qu'il s'est substitué, peu importe aux autres créanciers et aux tiers détenteurs. Il y a un créancier inscrit ; son titre est légal, et ce créancier a bien le droit de se faire représenter par un mandataire pour en recueillir le bénéfice. Le cessionnaire est bien propriétaire de la créance ; mais il peut se considérer comme un *procurator in rem suam* du cédant et se borner à invoquer cette qualité. Le nom du créancier originaire suffit pour rendre l'inscription complète ; dès lors, pour empêcher la péremption, le cessionnaire peut la renouveler sous le nom du créancier primitif.

La pratique, la jurisprudence et plusieurs auteurs ont adopté cette opinion [2].

Quand il s'agit de la cession de l'hypothèque légale de la femme mariée, nous trouvons des règle spéciales dans la loi du 23 mars 1855, art. 9. Les cessionnaires doivent rendre la cession publique par l'inscription de l'hypothèque à leur profit ou une mention de la subrogation en marge de l'inscription préexistante. Le ces-

---

1. Cass., 11 août 1819, S. 19, I, 490. — Bourges, 12 février 1841, D. A. *Priv. et hyp.*, n° 1641.

2. Cass., 26 novembre 1840. D. A. *Priv. et hyp.* n° 1641. — Duranton, T. XX, n° 85. — Troplong I, n° 363.

sionnaire, par conséquent, doit renouveler l'inscription préexistante avec mention de la subrogation à son profit, ou bien il doit renouveler l'inscription qu'il a prise en son nom.

Cette solution qui découle de l'article 9 précité, n'est cependant pas admise par tous les auteurs ; les uns pensent que la mention est une formalité nécessaire dans tous les cas, même quand le cessionnaire prendrait inscription en son nom personnel [1] ; les autres veulent une inscription prise par le cessionnaire à son profit et une mention en marge de l'inscription de l'hypothèque légale [2]. Quoi qu'il en soit, la solution que nous avons admise se recommande d'une pratique constante.

Quelles sont les formalités du renouvellement ? La loi est muette sur le point de savoir quelles sont les pièces à fournir ; il n'y a donc pas lieu de s'étonner que plusieurs difficultés se soient présentées.

Si on se reporte à l'article 2148 C. civ., on voit que, parmi les pièces nécessaires pour prendre une inscription, le créancier doit présenter le titre même de la créance en vertu de laquelle inscription est requise, soit l'original en brevet, soit une expédition authentique de l'acte et du jugement. En est-il de même lorsque le créancier veut opérer le renouvellement ?

La Régie, par une circulaire du 11 septembre 1806, avait ordonné aux conservateurs d'exiger la production du titre lors du renouvellement, tout au moins pour les créances postérieures à la loi du 11 brumaire an VII.

---

1. Mourlon. *Rev. prat. de droit franç.*, I, p. 89 et s., An. 1836.

2. Troplong. *De la Transcription*, n⁰ˢ 321, 340. Nous indiquons seulement les deux opinions en présence ; car nous ne pouvons approfondir la discussion de ce point sans sortir de notre sujet.

Quant aux créances antérieures à cette loi, la Régie estimait que l'on ne pouvait exiger la production du titre, puisqu'il n'avait pas été nécessaire pour inscrire.

Cette instruction souleva les protestations de la doctrine et de la jurisprudence. La Cour de cassation, le 14 avril 1817 décida, en effet, que la production du titre n'était pas nécessaire, même pour les créances postérieures à la loi du 11 brumaire an VII. Le 27 décembre 1831, la Cour de Paris, suivant la Cour suprême, et confirmant un jugement du tribunal de Tonnerre, déclara que l'article 2154 n'exigeait pas la production du titre pour le renouvellement ; que cette formalité était inutile, puisque ses énonciations étaient déjà consignées sur les registres et qu'il fallait toujours remonter à l'inscription qui est renouvelée [1].

En présence de cette situation, l'administration de l'Enregistrement, par une circulaire du 2 avril 1834, déclara que la représentation des titres n'étant pas prescrite par l'article 2154 pour le renouvellement, les conservateurs ne sont pas fondés à l'exiger.

Remarquons, d'ailleurs, que les auteurs et la jurisprudence reconnaissent que, pour l'inscription primitive, la non-représentation du titre n'est pas une cause de nullité ; par conséquent, l'administration eût-elle exigé le titre pour le renouvellement, sa non-représentation n'emporterait pas la nullité du renouvellement [2].

Tenons donc la solution donnée pour définitivement acquise.

On peut supposer le renouvellement requis par les héritiers du créancier ; le conservateur peut-il alors exi-

---

1. D A. *Priv. et hyp.* n° 1667.
1. Cass. civ., 14 avril 1817, S. 1817, I, 206.

ger que ces héritiers produisent un acte établissant leur
qualité ?

Nous ne le pensons pas ; la jurisprudence, comme
nous venons de le voir, décide que le créancier n'est pas
tenu de représenter, lors du renouvellement, les titres de
créance. Si donc le renouvellement a lieu au profit de
personnes se disant héritiers du créancier primitif, il en
résulte qu'elles n'ont pas à produire un acte prouvant
leur qualité. Les arrêts permettent de renouveler sans
faire aucune justification et, par créancier, ils enten-
dent tous ceux qui requièrent inscription en leur nom :
cessionnaire, légataire, héritier. Le conservateur, d'ailleurs, n'est pas juge du droit ni de la qualité de l'inscrivant ; cela regarde uniquement le débiteur.

Si le créancier n'est pas forcé de présenter le titre de
la créance, il doit, pour renouveler, présenter les deux
bordereaux prescrits par l'article 2148.

Mais on s'est demandé si le créancier pouvait porter
l'un de ces deux bordereaux à la suite ou en marge de
l'expédition, comme le permet l'article 2148 C. civ.

Les notaires, naturellement, prétendaient que l'article 2148 le permettant pour l'inscription primitive, il y
avait un argument *a fortiori* pour le permettre dans le
cas du renouvellement. On leur répondait que l'article 2148 ne vise que l'inscription primitive pour laquelle, seule, il accorde une simple tolérance ; qu'en
outre, l'article 2154 qui traite du renouvellement, ne
parle pas des bordereaux et enfin, que la jurisprudence,
en n'exigeant pas que le créancier qui renouvelle produise ce titre de la créance, reconnaissait par là même
que l'article 2148 n'était pas applicable au renouvellement.

Quoi qu'il en soit, cette controverse a disparu depuis

12

que l'administration de l'Enregistrement a décidé, par
une circulaire du 12 juin 1863, que l'art. 2154, gardant
le silence sur les formes du renouvellement, on doit en
induire qu'il se réfère, sur ce point, à l'article 2148. Il
n'y a, d'ailleurs, aucune bonne raison de refuser au
créancier l'avantage qui résulte de la faculté d'avoir sur
une seule et même pièce et le titre constitutif de l'hypothèque [1] et la preuve de l'inscription ou de son renouvellement.

Quelles énonciations doivent contenir les deux bordereaux ? Doivent-ils contenir toutes les énonciations
prescrites par l'article 2148 ?

Ce point est discuté et a donné naissance à deux systèmes.

Premier système. — Les bordereaux de renouvellement doivent contenir les mêmes énonciations que ceux
requis pour l'inscription primitive.

En effet « renouveler, dit Merlin, c'est faire de nou-
» veau : renouveler une inscription, c'est prendre une
» inscription nouvelle ; dès lors, le renouvellement doit
» être fait dans les mêmes formes et contenir les mêmes
» énonciations que l'inscription primitive [2]. »

Grenier dit de même. Le Code civil, ajoute-t-on, ne
reconnaît qu'une inscription prise selon les articles 2148
et 2153. Il faut donc renouveler dans la même forme
qui est la seule légale ; autrement il y aurait deux espèces d'inscriptions [3].

Deuxième système. — Il n'est pas nécessaire que l'inscription en renouvellement contienne toutes les énonciations comprises dans l'inscription primitive.

1. Sirey, 1864, II, 312.
2. Merlin. *Rép.* Insc. hyp., 58 *bis.* n° 12.
3. En ce sens : Laurent, XXXI, p. 100. Grénier, t. I, n° 117.

Il faut favoriser notre crédit hypothécaire et ne pas multiplier, par conséquent, les causes de nullité des inscriptions. Ce système, dit-on, a cet avantage que le créancier ne risquera pas de perdre son rang si son bordereau contient des omissions. En outre, il évite les chances d'arbitraire qui, dans le premier système, proviennent de la distinction des énonciations substantielles ou non.

Nous adoptons le premier système, car, outre les raisons invoquées ci-dessus en sa faveur, nous pouvons présenter quelques observations qui viennent corroborer les motifs donnés à l'appui.

D'abord, ainsi que le fait observer M. Lyon-Caen [1], si on n'exige pas pour le renouvellement toutes les énonciations requises dans l'inscription primitive, on arrive à des conséquences fort graves. Les états des conservateurs ne peuvent mentionner, sans une réquisition expresse, les inscriptions remontant à plus de dix ans. Que signifieront alors les états d'inscriptions si les inscriptions en renouvellement ne contiennent pas les mêmes énonciations que l'inscription primitive? trouvera-t-on suffisant un renouvellement ainsi conçu: « Inscription est requise en renouvellement de celle » prise le..... volume..... numéro........? » Les tiers qui voudront être bien renseignés devront toujours, dans leurs réquisitions, demander l'état des inscriptions en renouvellement et des inscriptions originaires. Mais alors on tombe d'un danger dans un autre ; on en arrive à des états surchargés, dans lesquels les intéressés se reconnaîtront difficilement et qui nécessiteront des recherches considérables pour les conservateurs, surtout quand il y a eu des renouvellements successifs. On se

1. Note sous Cass., 11 mars 1874. S. 74, 1, 337.

trouve alors en présence de l'un des inconvénients que le renouvellement décennal veut éviter.

En outre, il peut arriver que le renouvellement soit effectué tardivement et que l'inscription n'ait plus rang qu'à sa date. Comment concevoir cette inscription ayant effet à sa date propre et qui ne contiendra pas les énonciations comprises dans l'article 2148 ?

La jurisprudence, après avoir suivi l'opinion opposée [1], en est revenue au système que nous soutenons par un arrêt de la Chambre des requêtes, en date du 4 avril 1849. Cet arrêt déclare que l'article 2154 a voulu qu'une inscription nouvelle soit prise pour remplacer l'ancienne et en tenir lieu ; que, dès lors, cette inscription doit porter toutes les énonciations de l'ancienne pour la remplacer efficacement et pour éviter des recherches difficiles, quelquefois même impossibles.

On pourrait nous objecter, il est vrai, que l'arrêt du 4 avril 1849 sur lequel nous nous appuyons, n'a pas statué directement sur la question qui nous occupe, et qu'alors nous ne saurions nous en prévaloir. Mais il envisage une situation qui présuppose sur le point que nous examinons la solution que nous venons de présenter.

Il recherche, en effet, si le conservateur doit relater dans les états les inscriptions ayant plus de dix ans, quand elles ont été renouvelées, et décide que l'inscription nouvelle est la seule qui doive figurer. Cela implique nécessairement que l'inscription en renouvellement doit contenir les énonciations prescrites par l'article 2148. S'il en était autrement, les tiers, les officiers mi-

---

1. Req , 16 mars 1820. Cass. civ., 22 février 1825. Grenoble, 9 janvier 1827, D. A. *Priv. et hyp.*, n° 1678. Agen, 7 fév. 1861, S. 61, II, 449. Metz, 22 janvier 1862, D, 13, V, 210.

nistériels requerraient toujours la délivrance des inscriptions remontant à plus de dix ans, sans quoi ils
n'auraient aucun renseignement exact sur la situation
hypothécaire.

L'arrêt de la Cour de cassation, du 11 mars 1874, que
nous avons cité plus haut, indique que la Cour suprême
maintient la jurisprudence établie par l'arrêt de 1849.
L'espèce déférée à la Cour de cassation en 1874 était la
suivante : une inscription avait été prise en renouvellement d'une inscription d'hypothèque judiciaire ; dans
l'intervalle des deux inscriptions, il y avait eu radiation
partielle de l'inscription originaire et lors du renouvellement, le créancier n'avait point mentionné dans son bordereau cette radiation partielle. Lors de l'aliénation de
l'immeuble dégrevé par la radiation, le conservateur
avait compris dans l'état des inscriptions, celle prise en
renouvellement.

La question se posa de savoir si le conservateur était
en faute pour avoir délivré l'inscription renouvelée ou si
le créancier, qui avait renouvelé sans restriction, devait
fournir mainlevée de l'inscription. La Cour de cassation
décida que le créancier était en faute et qu'il devait fournir la mainlevée de l'inscription. Cette solution implique
que le renouvellement est une inscription indépendante
qui doit se suffire à elle-même. Si, en effet, l'inscription
prise en renouvellement devait se compléter par l'inscription originaire en marge de laquelle la radiation partielle était portée, le conservateur aurait dû être condamné à faire disparaître de son état l'inscription renouvelée.

MM. Laurent et Martou [1] suivent l'opinion que nous
avons adoptée, ce qui est d'autant plus remarquable que

1. Laurent XXXI, n° 117. — Martou, n° 1146.

la loi belge ne déclare pas nulles les inscriptions par cela seul qu'elles ne contiennent pas toutes les énonciations prescrites par l'article 83 de la loi de 1851.

M. Paul Pont lui-même, un des plus ardents défenseurs du système que nous repoussons, conseille qu'en rédigeant une inscription prise expressément en renouvellement d'une précédente, on en répète toutes les énonciations, afin d'éviter de recourir à d'anciens registres pour compléter les états d'inscription [1]. En vain, dira-t-on que ce conseil est donné pour que cette inscription dans le cas de nullité de l'ancienne puisse valoir par elle-même et donner rang du jour de sa date ; cet aveu n'en doit pas moins être recueilli précieusement, car il est une des meilleures preuves que le système que nous écartons n'est pas bien établi.

En cela, du reste, M. Pont ne fait que se conformer à une pratique constante ; les bordereaux de renouvellement sont toujours conformes à ceux des inscriptions primitives, sauf, bien entendu, qu'ils relatent les modifications dans la situation hypothécaire qui ont pu se produire depuis la première inscription.

Les bordereaux de renouvellement doivent donc être établis en conformité de ceux prescrits par l'article 2148. Mais est-ce tout? Ne faut-il pas quelque chose de plus?

Il faut encore que l'inscription en renouvellement se rattache à l'ancienne par un lien visible qui puisse prévenir les tiers qu'ils seront primés par une inscription dont la date est de dix ans antérieure à celle du renouvellement. Dans ce but, l'inscription nouvelle doit contenir la mention qu'elle est prise à l'effet d'en renouveler une précédente. Sans doute, nulle part, le législateur n'exige pareille mention. Mais ce n'est pas créer une for-

1. Pont, II, n° 1052.

malité non prescrite par la loi, car cette mention nous
paraît être un élément essentiel du renouvellement.

Comment, en effet, sans cette mention, distinguer un
renouvellement d'une inscription originaire? Ne pourra-
t-on pas légitimement croire que la nouvelle inscription
n'assure rang à l'hypothèque qu'à sa propre date.

Son omission ne nuira pas aux tiers, dit-on, et l'on
en cite un exemple [1] : « je prends inscription le 3 mai 1807
» et renouvelle le 4 mars 1817, sans dire que c'est par
» continuation de la première inscription. Mais tous ceux
» qui ont pris inscription après 1807 et avant les dix ans
» ont su que je les primais. Quant à ceux qui ont pris
» inscription après 1817, que leur importe que je les
» prime par mon inscription de 1807 ou de 1817? La
» même conclusion aurait lieu si je me trouvais en pré-
» sence d'un tiers détenteur [2]. »

Il y a là, ce nous semble, une méprise dont la dé-
monstration est facile à faire.

Sans cette mention, le cessionnaire d'une créance
inscrite avant le renouvellement croirait la créance qui
lui est cédée antérieure en rang d'hypothèque à celle qui
est garantie par ce renouvellement, et serait sans moyen
pour vérifier l'existence de l'inscription renouvelée.
Ainsi, en continuant l'exemple donné ci-dessus, supposons une créance inscrite en 1815, qui se trouve primée
par la créance inscrite en 1807 ; celle-ci est renouvelée
en 1817 sans mention de la première inscription.
En 1818, la première créance est cédée à un tiers qui
s'est fait délivrer un état où ne se trouvent que les deux
inscriptions de 1815 et de 1817 : le cessionnaire s'est

1. Troplong, III, n° 715.
2. Dalloz (*Priv et hyp*. n° 1662) et Flandin (*de la Transcription*)
émettent la même opinion.

donc cru créancier hypothécaire antérieur à celui
de 1817. Qu'un ordre vienne à s'ouvrir, le cessionnaire
sera primé par le créancier de 1817 qui invoquera l'inscription de 1807.

Sans cette mention encore, le débiteur d'un prix de
vente qui paierait les créanciers sur la foi et dans l'ordre du certificat délivré par le conservateur, verrait plus
tard cet ordre bouleversé par les titulaires des anciennes
inscriptions renouvelées.

Ainsi l'acquéreur en 1818 de l'immeuble hypothéqué
en 1807 et 1815, se fera délivrer un état d'inscriptions
qui relatera l'inscription de 1815 et celle de 1817 laquelle
ne mentionne pas qu'elle est prise en renouvellement de
celle de 1807. Si la créance de 1815 absorbe tout le prix,
il demandera la radiation de l'inscription de 1817 ; mais
alors ce dernier créancier se prévaudra de son inscription de 1807 pour sommer l'acquéreur de payer ou de
délaisser.

Nous estimons donc que l'indication de la première
inscription, qui révèle le lien de filiation, est indispen-
sable pour permettre aux tiers de connaître sûrement la
situation hypothécaire d'un immeuble.

Il importe, en effet, aux tiers qui vont traiter avec tel
débiteur, de savoir depuis combien de temps son crédit
est atteint et s'il y a plus de dix ans que ce débiteur
n'a pu se libérer de ses obligations hypothécaires.

La doctrine, sauf les auteurs que nous avons indiqués
plus haut, la jurisprudence de la Cour suprême et des
cours d'appel, sauf un petit nombre d'arrêts, sont una-
nimes pour exiger, dans l'inscription en renouvellement,
la mention de l'inscription primitive [1].

1. Cass., 14 juin 1831. S. 31, I, 357. — Cass.. 25 janvier 1853, D,
53, I, 12. — Cass. 16 février 1864, D, 64, I, 90. — Cass., 29 août 1838,

On pourrait nous objecter que notre système est contradictoire. Si nous exigeons la mention de rappel à l'inscription primitive, à quoi bon alors insérer les énonciations de l'article 2148 dans les renouvellements? N'est-ce pas indiquer qu'il sera toujours nécessaire dans certains cas de se reporter à l'ancienne inscription? pourquoi alors ne pas généraliser et permettre de compléter l'inscription nouvelle par l'ancienne? Mais si, dans un ordre, il est nécessaire de remonter à l'inscription originaire, nous ne croyons pas suffisante, pour les raisons que nous avons déjà présentées, une inscription en renouvellement ne contenant que la mention de l'inscription primitive; il faut que les états soient complets et que les inscriptions qu'ils relatent se suffisent à elles-mêmes[1].

En résumé, nous estimons : 1° que l'inscription en renouvellement doit contenir les énonciations prescrites par l'article 2148; 2° que cette inscription doit renfermer une mention de l'ancienne. De la réunion de ces deux inscriptions résultera une parfaite publicité.

La question que nous venons de résoudre n'est plus aussi simple quand il y a plusieurs renouvellements successifs ; doit-on indiquer dans les bordereaux successifs toutes les inscriptions à renouveler ou seulement la dernière?

Stricto jure, on pourrait exiger la mention de toutes les inscriptions successives. Le tiers, qui consultera un état dressé en cette forme, aura la situation hypothé-

D. A. *Priv. et hyp.*, n° 1663. — Rouen, 6 mars 1848. Lyon, 10 janvier 1844, D. A. *Priv. et hyp.*, n° 1663. — Agen, 22 janvier 1861. D, 61, II, 148. Riom, 27 mai 1884, D, 85. II. 2 9.

1. Cela est d'autant plus nécessaire que l'administration de l'Enregistrement prescrit de ne délivrer dans les états que les inscriptions ayant moins de dix ans de date.

caire tout à fait exacte. Dans la pratique, on insère toutes les inscriptions requises; on évite ainsi toute difficulté.

Cependant nous croyons que, en l'absence d'un texte formel prescrivant cette exigence, la mention de la dernière inscription, même prise en renouvellement, est suffisante pour prévenir les tiers. Ainsi une inscription prise en 1857, renouvelée en 1867, en 1877, est renouvelée encore en 1887 par le créancier qui mentionne l'inscription de 1877 seulement. Cela suffira, car le tiers voyant qu'il y a renouvellement en 1887 d'une inscription de 1877 se reportera à celle-ci; puis, en remontant à celle de 1867 il retrouvera celle de 1857.

La Cour de cassation, appelée à statuer sur ce cas, a décidé, par un arrêt du 6 juillet 1881 [1], que, lorsque les mentions contenues dans chaque inscription prise en renouvellement se réfèrent à celles de l'inscription en remontant ainsi jusqu'à l'inscription primitive, ces indications sont suffisantes pour faire connaître le lien qui rattache l'une à l'autre les inscriptions successives et empêcher les tiers d'être induits en erreur sur la situation hypothécaire.

Même solution dans la loi belge du 16 décembre 1851, art. 90 : « l'inscription en renouvellement ne vaudra » que comme inscription première, si elle ne contient » pas l'indication précise de l'inscription renouvelée, » mais il ne sera pas nécessaire d'y rappeler les inscrip- » tions précédentes ».

Cet article nous donne encore la solution d'une question qui a son importance pratique : celle de savoir quelles sont les conséquences du défaut de mention de

---

1. S. 82, I, 455.

l'inscription primitive dans une inscription prise en renouvellement.

A coup sûr, ce ne peut être la nullité, puisque cette
mention n'est point prescrite par la loi. La seule conséquence sera que l'inscription vaudra seulement comme
inscription première, donnera rang à sa date et non pas
à la date de l'inscription renouvelée ; partant, l'inscription nouvelle sera primée par toute inscription antérieure même prise postérieurement à l'inscription originaire.

Cette mention doit être contenue dans les bordereaux
de renouvellement. La jurisprudence cependant est allée
plus loin avec certains auteurs. Elle admet que cette
mention peut consister en toute indication assez claire
pour prévenir les tiers de l'existence d'une inscription
originaire ; ainsi des notes marginales du conservateur
suffiront pour compléter une inscription dans laquelle
on a omis de mentionner l'inscription originaire [1].

Nous ne pouvons pas admettre une pareille solution.
Sans doute, le mot renouvellement n'est pas sacramen-
tel et il faut être sobre de nullités, n'admettre que celles
qui sont édictées par la loi ou l'intérêt des tiers. Si les
bordereaux indiquent clairement qu'ils sont pris en renouvellement, sans contenir ce terme, cela suffira parfaitement. Mais nous pensons que si les bordereaux
ne mentionnent pas que l'inscription est requise en renouvellement, le conservateur ne peut pas suppléer
d'office à cette mention et indiquer en marge que la
première inscription est renouvelée et que la seconde est
prise en renouvellement. Le conservateur pourrait ainsi
favoriser, par son propre fait, un créancier au détriment
des autres.

1. Cass. 3 fév. 1819, S. 19, I, 245, Pont, Merlin en ce sens.

Il peut arriver qu'un créancier à hypothèque générale renouvelle son inscription sur un immeuble déterminé sans relater qu'il a une hypothèque générale Quelles seront les conséquences de ce renouvellement limité ? Y a-t-il renonciation à l'hypothèque générale ?

Non, disent la plupart des auteurs, parce qu'une renonciation ne se présume pas ; elle doit être expresse, et la mention de la date de l'inscription primitive suffit dans le renouvellement.

Le conservateur qui inscrit un renouvellement opère comme pour une inscription primitive ; toutefois, conformément aux instructions de l'administration, il relate en marge de la nouvelle inscription le volume et le numéro de l'ancienne, porte la nouvelle au répertoire et dans la même case que l'ancienne et indique sur ce répertoire, en marge de la mention de la première inscription, qu'elle a été renouvelée tel jour, tel volume, tel numéro. Si le renouvellement est requis contre l'héritier du débiteur, le conservateur annote dans la case de ce débiteur que le renouvellement a été pris contre son héritier, et ouvre un compte au nom de cet héritier, s'il n'en a déjà un.

Tout renouvellement régulièrement requis doit être inscrit, sans que le conservateur puisse être juge de la question de savoir si le renouvellement est justifié quant au fond. La loi, en effet, prescrit à ce fonctionnaire de remplir les formalités, quand il en est légalement requis et ne lui impose de responsabilité que dans la limite de leur accomplissement. Vérifier le bien fondé du renouvellement serait chose impossible ; cette vérification entraînerait un examen minutieux d'actes multiples. Sans doute, le registre des inscriptions ne peut pas être soumis à un arrêté quotidien, mais les bordereaux sont portés sur le registre de dépôt qui est arrêté chaque jour. On voit par là quelles seraient les conséquences de ces discussions avec les intéressés, si le conservateur devait examiner le fondement du droit hypothécaire. La jurisprudence suit ce parti ; ainsi un arrêt de la Cour de cassation, du 11 mars 1874 [1], a décidé notamment que le conservateur n'est pas responsable de ce que le renouvellement d'une inscription a eu lieu en termes trop généraux sans tenir compte des radiations partielles ; cette négligence n'engagera que la responsabilité du requérant qui aurait dû désigner, soit les immeubles qui continuent à être frappés, soit ceux qui sont libérés.

On peut supposer plusieurs obligations consenties par un même débiteur au profit d'un même créancier. Ce créancier pourra-t-il, par une seule inscription, renouveler celles qui avaient été prises divisément ?

Une question analogue se présente pour les inscriptions originaires, et, sans examiner ce point qui nous entraînerait hors de notre sujet, nous pouvons dire que la validité de ces inscriptions ne saurait être douteuse aujourd'hui. Constamment la pratique se trouve en présence de ces bordereaux cumulatifs, surtout à propos des hypothèques conventionnelles avec subrogation dans l'hypothèque légale de la femme mariée [2].

Si cette solution est certaine en ce qui concerne les inscriptions primitives, nous sommes amenés à reconnaître la validité des bordereaux cumulatifs d'inscriptions en renouvellement.

D'ailleurs une décision ministérielle du 12 janvier 1813 approuve cette manière d'opérer.

1. D. 74, 1, 293. adde, Dijon, 9 juillet 1868, D, 71, I, 92.

2. Orléans, 20 février 1857. S, 57, II, 200. — Dijon, 13 juillet 1858, S. 59, 11, 306.

CHAPITRE IV

EFFETS DU RENOUVELLEMENT ET DE LA PÉREMPTION.

Effectué en temps utile, le renouvellement conserve pendant dix nouvelles années le droit hypothécaire relaté dans l'inscription originaire. Des renouvellements successifs le conserveront jusqu'à son extinction.

Si l'inscription prise en renouvellement n'a pas été requise dans les dix ans de la première inscription, le rang de l'hypothèque sera alors celui de l'inscription en renouvellement.

S'il n'y a pas eu de renouvellement, on dit alors que l'inscription est tombée en péremption ; elle est périmée, c'est-à-dire que le droit hypothécaire subsiste bien, mais il n'est plus opposable aux tiers. Pour lui rendre cet effet, le créancier devra requérir une nouvelle inscription, et encore il ne le pourra plus, s'il survient un de ces événements qui rendent l'inscription impossible.

Les effets de la péremption sont donc fort graves ; ils varient selon la nature des droits, et nous devons, par conséquent, les étudier séparément, en ce qui concerne :

1° Les hypothèques conventionnelles, judiciaires et

légales autres que celles des femmes mariées, des mineurs et des interdits ;

2° Les hypothèques légales des femmes mariées, des
mineurs et des interdits ;

3° Les privilèges.

I
Hypothèques conventionnelles, judiciaires et légales

Le droit hypothécaire est sans efficacité, tant qu'il
n'est pas manifesté par une inscription ; le défaut de
renouvellement en temps utile aura les mêmes effets
que l'absence d'inscription. Les droits de suite et de
préférence seront donc comme inexistants ; par conséquent, le créancier perdra le rang que lui assurait son
incription primitive et ne pourra plus avoir que celui
du renouvellement. Ses chances de remboursement se
trouveront forcément diminuées, car il sera primé par
les créanciers qui seront inscrits depuis son inscription
primitive jusqu'à celle qu'il a tardivement effectuée.

Mais ce n'est pas tout : ce créancier court un danger
bien plus grave ; il peut perdre son droit de suite. C'est
ce qui se produirait s'il survenait un de ces événements
que nous étudierons plus loin, tels que la faillite du
débiteur, l'acceptation bénéficiaire de sa succession,
événements qui s'opposent à ce que le créancier puisse
s'inscrire valablement. Ce dernier alors sera traité
comme un simple créancier chirographaire.

II
Hypothèques légales des femmes, des mineurs et des interdits.

Les droits de suite et de préférence dans ces hypothèques ne dépendent pas de la publicité. Si ces hypothèques

doivent être inscrites et si leur inscription doit être renouvelée, cependant leur clandestinité ne causera aucun préjudice aux incapables. Inscrites ou non, le droit de suite n'en existe pas moins, et le droit de préférence datera toujours de la même époque.

Avant la loi du 23 mars 1855, sous l'empire du Code civil, la jurisprudence fut appelée à déterminer les effets de la péremption sur ces hypothèques.

Celles-ci, en effet, avaient pu être inscrites, soit volontairement, soit forcément pour subsister au cas où l'acquéreur d'immeubles appartenant à des maris ou à des tuteurs voulaient purger ces immeubles des hypothèques légales. Ces hypothèques ainsi inscrites étaient-elles soumises à la nécessité du renouvellement décennal?

La jurisprudence, avec raison, admit la négative. Il s'agit, en effet, d'hypothèque légale, et aucun article du Code n'indique que, en cas de purge, cette hypothèque légale soit convertie en une hypothèque ordinaire soumise, comme telle, au renouvellement. L'article 2154 vise l'inscription ordinaire et ne s'applique nullement à celle que la loi impose exceptionnellement aux incapables pour la purge de leurs hypothèques. L'inscription qui en est faite par le mari, par exemple, n'enlève pas à l'hypothèque légale de la femme le caractère qui lui est propre, celui de vivre sans inscription.

L'hypothèque restant ce qu'elle était avant l'inscription, ses avantages doivent profiter avant comme après la procédure de purge à cet incapable qui reste toujours incapable. Comme le faisait remarquer la cour de Grenoble[1] : « il résulte de l'avis du Conseil d'État du 22 » janvier 1808 que, lorsque l'inscription est nécessaire

1. 8 août 1857. S. 57, II, 17.

» pour rendre l'hypothèque efficace, le renouvellement
» est nécessaire pour la conserver, d'où il suit que l'ins-
» cription prise par la femme pendant la purge n'ayant
» pas pour effet de rendre l'hypothèque efficace, mais
» seulement de révéler son existence, le renouvellement
» n'est pas nécessaire pour lui conserver cet effet [1].

Ainsi, d'après le Code civil, les hypothèques des incapables étaient dispensées du renouvellement décennal,
puisqu'elles étaient même affranchies de la nécessité
d'une inscription.

Cette faveur était excessive, car elle survivait à sa
cause et subsistait même après la dissolution du mariage
la fin de la tutelle ou la mainlevée de l'interdiction. Un
avis du Conseil d'État, du 3 mai 1812, approuvé le 8 du
même mois, avait décidé « qu'il n'y a pas nécessité de
» fixer un délai particulier aux femmes après la mort
» de leur mari ou aux mineurs devenus majeurs ou à
» leurs représentants pour prendre inscription. » La jurisprudence s'était prononcée en ce sens. La même solution était donnée pour le mineur, mais certaines cours
avaient admis un tempérament consistant en ce que
l'hypothèque était éteinte par l'expiration du délai de
dix ans depuis la majorité de ce mineur, sans qu'aucune
inscription n'ait été prise (arg. de l'art. 475 C. civ) [2]

Aujourd'hui, depuis la loi du 23 mars 1855, cet état
de choses a changé ; aux termes de l'article 8 de cette
loi, les incapables doivent, dans l'année qui suit la disso-

---

1. En ce sens : Cass., 22 février 1841. S. 41, I. 514. — Metz,
14 juin 1837. S. 38, II, 479. — *Contrà*, Nancy, 28 juillet 1853. S. 53, II.
574.

2. Paris, 17 juin 1837, S. 38, II, 161. — Toulouse, 18 juillet 1839, D.
39, II, 78. — *Id.*, 7 mars 1855, D. 56, II, 110. — Cass., 21 février 1838.
D. 38, I, 97. — Cass., 18 août 1840, D. 40, I, 313. — Cass., 23 décembre 1856, D, 57, I, 205.

lution du mariage, la fin de la tutelle ou la mainlevée de
l'interdiction, s'inscrire si leurs représentants ne l'ont
déjà fait ; sinon, leur hypothèque ne date, à l'égard
des tiers, que du jour des inscriptions prises ultérieurement.

Cet article a soulevé de nombreuses difficultés, surtout à propos de l'hypothèque légale de la femme mariée.
En effet il ne prévoit que deux cas : celui où la veuve
survit plus d'un an à son mari et celui où elle meurt
dans l'année du décès de son mari, mais en laissant des
héritiers ou ayants cause qui doivent prendre inscription dans l'année du décès.

Mais *quid* si la femme prédécède ? Ses héritiers
doivent-ils prendre inscription ?

D'une manière générale, nous répondrons affirmativement. Cela nous semble conforme à l'intention du législateur ; autrement on aboutit à cette conséquence fort
bizarre, c'est que l'hypothèque légale sera ou non
inscrite, selon le mode de dissolution du mariage. Si ce
dernier finit par la mort du mari, l'hypothèque sera inscrite ; si c'est par la mort de la femme, par le divorce,
elle restera occulte. Tel n'est certes pas le but de la loi
de 1855 qui, bien certainement, voulait qu'à la dissolu-
lution du mariage, l'hypothèque fut rendue publique.

Cette observation faite, nous devons examiner trois
hypothèses :

1° Les héritiers de la femme prédécédée sont majeurs ;

2° Ils sont mineurs, mais ne sont pas sous la tutelle
du mari ;

3° Ils sont mineurs et sous la tutelle du mari.

Premier cas. — Les héritiers de la femme prédécédée
sont majeurs.

On ne peut éprouver aucune difficulté, en cette hypothèse, à assimiler les héritiers de la femme prédécédée à ceux de la veuve, car ces héritiers ne sont pas, à l'égard du mari débiteur de la dot ou des reprises, dans la dépendance où se trouvait la femme. Le motif qui a dispensé celle-ci de la publicité de son hypothèque n'existe plus pour eux ; aussi cette solution a-t-elle été admise sans difficulté par une jurisprudence constante [1].

Second cas. — Les héritiers de la femme prédécédée sont mineurs, mais le mari n'est pas leur tuteur.

On a prétendu que l'article 8 de la loi de 1855 parlait du mineur devenu majeur, et que, par conséquent, l'héritier mineur de la femme, non placé sous la tutelle du père, était dispensé d'inscrire et de renouveler.

Ce point de vue nous paraît inexact. Quand la loi parle du mineur devenu majeur, elle envisage l'hypothèse où l'hypothèque légale est née de son propre chef, mais elle laisse de côté le cas où il s'agit d'un mineur, héritier d'une personne du chef de laquelle l'hypothèque légale a pris naissance.

Remarquons, d'ailleurs, que le système contraire aboutirait à une suspension de délai. Or, personne n'ignore que la minorité n'est pas une cause de suspension des délais de déchéance. Du reste, où se trouve le texte qui dispense les mineurs d'inscrire les hypothèques grevant les biens appartenant à une personne qui n'est pas leur tuteur ?

On objectera, il est vrai, que la loi veut protéger les

---

1. Grenoble, 29 avril 1358, D. 61, II, 68. — Bordeaux, 12 mars 1860, D. 61, II, 67. — Grenoble, 26 février 1862, D, 63, II, 68. — Riom. 3 août 1863, D. 63, II. 133. — Toulouse, 2 janvier 1863, D. 63, II, 215. — Agen, 6 décembre 1864, D. 65, II, 27. — Le Puy, 12 janvier 1865, D 65, III, 13. — Orléans, 26 août 1869, D. 69, II, 185.

incapables pendant leur incapacité. Nous croyons, au contraire, que la loi a entendu protéger ceux qui sont dans un état de dépendance tel qu'ils ne peuvent prendre inscription. Dans notre espèce, cette dispense n'a plus sa raison d'être; le mineur n'est pas dans la dépendance où se trouvait son auteur par rapport au mari. Il a un tuteur qui est intéressé à prendre cette inscription pour dégager sa propre responsabilité.

Nous n'hésitons donc pas à admettre que le mineur, non placé sous la tutelle du mari, peut prendre l'inscription et doit la renouveler, faute de quoi il y aura péremption [1].

Troisième cas. — Les héritiers mineurs de la femme sont sous la tutelle du mari.

Sont-ils dispensés de renouveler l'hypothèque légale de leur auteur?

Cette hypothèse est la plus délicate, la plus controversée, et d'autant plus importante qu'elle se présente fréquemment, si l'on en juge par les nombreuses décisions de la jurisprudence sur ce point.

Deux opinions sont en présence.

Premier système. — Les héritiers mineurs de la femme prédécédée, placés sous la tutelle du mari, sont dispensés d'inscrire et de renouveler l'hypothèque légale de leur auteur.

Les partisans de ce système font remarquer que l'article 8 de la loi de 1855 n'est point décisif. Il est conçu en termes qu'il ne faut pas interpréter strictement; il ne prévoit pas seulement le cas où le mariage cesse par le décès de la femme. Tout le monde, en effet, admet qu'il est applicable aux enfants héritiers de la femme s'ils

---

1. Aix, 10 janvier 1861; S. 61, III, 177 et arrêts précités.

sont majeurs ou si, mineurs, ils ne sont pas sous la tutelle du mari. Mais il ne faut pas aller plus loin. Le mineur qui succède à sa mère et se trouve sous la tutelle
du père est encore plus incapable que sa mère; celle-ci,
à la rigueur, peut agir contre son mari. Il faut donc dispenser les enfants mineurs placés sous la tutelle de leur
père, d'inscrire l'hypothèque légale de leur mère. C'est la
situation qui leur est faite pour l'hypothèque légale
qu'ils ont contre leurs tuteurs ; il n'y a aucun motif de
leur refuser cet avantage pour l'hypothèque qu'ils ont
du chef de leur mère.

D'ailleurs, quand la mère prédécède laissant ses enfants
mineurs sous la tutelle de leur père, ces enfants seront
toujours à l'abri ; les reprises de la mère seront garanties
par l'hypothèque légale résultant de la tutelle si elles ne
le sont plus par celle résultant du mariage.

Il est bien vrai que cette créance sera garantie par une
hypothèque datant du jour de l'entrée en gestion du tuteur et non plus des diverses époques indiquées dans
l'article 2135. Mais le mineur n'en souffrira point; son
rang sera toujours préférable à celui des tiers qui contracteront avec le mari depuis la dissolution du mariage
qui est, en même temps, l'entrée en gestion du tuteur.
Sans doute, si nous prenons des créanciers ayant acquis, pendant le mariage, après sa célébration ou les
autres événements qui donnent naissance à l'hypothèque
légale de la femme, soit des hypothèques conventionnelles, soit des hypothèques judiciaires, ces créanciers
absorberont tout ou partie du prix des immeubles. Mais
ces créanciers ont connu l'existence d'une hypothèque
préférable à la leur; au moment où ils contractaient, ils
n'ont pu considérer l'inefficacité de cette hypothèque légale
comme étant une de leurs garanties. Donc, ils n'ont pas

dû tenir compte de cette éventualité, en dictant leurs conditions de remboursement [1].

Deuxième système. — C'est celui que nous adoptons : les héritiers mineurs de la femme prédécédée doivent inscrire et renouveler l'hypothèque légale de la femme, même s'ils sont placés sous la tutelle du père.

En effet, si l'on admet que l'article 8 de la loi de 1855 doit s'appliquer aux héritiers de la femme, même mineurs, si leur père n'est pas leur tuteur, on étend les termes de la loi pour des cas non prévus par la lettre du texte, puisque ce dernier porte : la femme devenue veuve. Dès lors, pourquoi ne pas admettre que la loi vise tous les héritiers quels qu'ils soient, et quels que soient les événements pouvant survenir ?

Bien plus, on ne saurait prétendre que le législateur de 1855 n'a pas entendu régler l'hypothèse dont il s'agit, quand les travaux de 1841 et le projet de 1851 relatent précisément cette hypothèse. En 1841, la plupart des Cours et Facultés furent d'avis de laisser le droit commun en matière d'inscription reprendre son empire à la dissolution du mariage ; en 1851, l'Assemblée refusa de rendre publique l'hypothèque légale des incapables, mais elle limita à la durée du mariage la dispense d'inscription pour la femme. L'œuvre ne fut pas continuée.

C'est dans ces conditions que survint la loi de 1855. L'intention du législateur fut donc bien de rétablir le droit commun en matière de publicité des hypothèques.

On nous répondra, il est vrai, que le texte ne nous est pas favorable et que, d'ailleurs, le délai d'un an

---

1. En ce sens : Riom, 2 août 1863 ; Agen, 6 décembre 1864. V. note précédente.

court, quand il s'agit de minorité, du jour de la majorité.

Sans doute, l'article 8 peut être mal rédigé ; mais
pourquoi distinguer alors que le législateur a cru et
voulu régir tous les cas ? Personne ne soutient que la
minorité empêche de courir les délais d'un an, de six
mois pour la séparation des patrimoines, de quarante
jours pour la surenchère ; pourquoi alors le délai d'un
an, dans notre hypothèse, ne courrait-il pas contre
l'héritier mineur ? Cela pourra nuire, dans certains cas,
aux héritiers mineurs ; mais est-ce que toute loi est
parfaite ?

Remarquons, d'ailleurs, que le texte de l'article 8
porte : héritiers ou ayants cause ; cet article entend
donc parler du cas des héritiers de la femme prédécédée. Pourquoi aurait-il parlé des héritiers ou ayants
cause, s'il n'avait pas eu en vue les héritiers ou ayants
cause de la femme décédée non veuve ? Il était inutile
d'imposer cette formalité aux héritiers de la veuve, puisque cette obligation est née dans la personne de leur auteur et que l'héritier succède aux obligations de son auteur. Cette disposition peut sembler bizarre. Cependant
elle s'explique : il peut arriver que les incapables décèdent
en état d'incapacité : alors l'obligation d'inscrire n'étant
pas née en leur personne, il fallait un texte pour l'imposer à leurs représentants. Ce texte ne faisant aucune
distinction d'après l'état de dépendance de ces représentants par rapport à celui qui est devenu leur débiteur, nous croyons que son application est générale.

Par conséquent, la dispense d'inscription accordée
aux incapables, en ce qui touche les hypothèques légales, vise seulement celles de ces hypothèques qui nais-
sent en leurs personnes, mais, en ce qui concerne les

autres hypothèques, même légales, portant sur tous les biens du mari, le droit commun leur est applicable.

Objecte-t-on la faiblesse du mineur et son bas âge qui l'excusent et doivent le dispenser d'inscrire l'hypothèque légale de la femme ? Objecte-t-on encore que ce ne sera certes pas le mari, son tuteur, qui prendra cette inscription sur lui-même ou la renouvellera ? nous répondrons : il y a un subrogé tuteur, chargé de veiller aux intérêts du mineur, quand ceux-ci sont en opposition avec ceux du tuteur. Ce sera lui qui devra prendre l'inscription et la renouveler. S'il ne le fait pas, il est responsable et débiteur subsidiaire des sommes dont le recouvrement est impossible contre le père. Sans doute, le mineur est alors simple créancier chirographaire ; sans doute encore, le subrogé tuteur a pu être nommé seulement après l'expiration de l'année de l'ouverture de la succession. Mais aujourd'hui cette situation se présentera rarement ; le subrogé tuteur sera nommé rapidement, surtout quand le tuteur est le père du mineur, car les opérations intéressant le tuteur, intéresseront le mineur, par exemple, l'inventaire dressé après le décès de la mère [1].

On a prétendu que cette responsabilité du subrogé tuteur ne pouvait s'étendre à notre cas, parce que la loi ne l'établit que pour l'hypothèque légale de la tutelle et que le rôle du subrogé tuteur est un rôle passif [2].

Nous ne croyons pas cette observation exacte. D'abord, si l'article 2137 ne parle que de l'inscription de l'hypothèque légale de la tutelle, c'est que, évidemment,

1. En ce sens; Cass., 2 mai 1866; S, 66, I, 233, v. note de M. Labbé sous cet arrêt.
2. Douai, 18 mars 1840, S. 40, II, 289. — Nancy, 28 février 1880, D. 81, II, 221.

cette hypothèque est la première qui apparaisse quand
il s'agit d'une tutelle. Le législateur, dans cet article,
ne pouvait prévoir l'hypothèse sur laquelle nous discu-
tons. D'autre part, en 1855, le législateur ne pouvait
guère insérer dans une loi sur la transcription, des dispositions concernant la responsabilité du subrogé tuteur dans notre cas spécial.

Cette responsabilité reste donc dans le droit commun, sous l'empire des articles 420 et suiv. du Code
civil. Or, cette responsabilité se règle sur les fonctions
que le subrogé tuteur doit remplir. Ces fonctions, nous
dit la loi, consistent à agir pour les intérêts du mineur,
lorsqu'ils seront en opposition avec ceux du tuteur. La
situation que nous examinons rentre bien dans la règle :
le père tuteur a un intérêt opposé à celui du mineur dont
l'intérêt est d'avoir l'hypothèque légale de sa mère inscrite sur les biens de son père. Le subrogé tuteur devra y veiller, au besoin inscrire et renouveler, faute de
quoi il sera responsable.

Le système que nous venons d'exposer est suivi, sauf
quelques dissidences, par la jurisprudence ; depuis
1866, la Cour de cassation l'a adopté sans varier [1].

On prévoit dès lors notre solution dans le cas de dissolution d'un mariage par le divorce. La femme divorcée
redevient capable : elle ne se trouve plus sous la dépendance de son mari ; dès lors, libre d'agir, elle devra veiller à la conservation de son hypothèque légale. Si elle

---

1. Cass., 2 mai 1866. ci-dessus : Marseille, 11 août 1874, confir·
par Aix, 9 janvier 1873 et Cour de cass , 22 août 1876. S. 76, I, 471.
— Cass., 2 juillet 1877, ¡S, 77, 1, 415. — Grenoble, 29 avril 1858, D.
61, II, 68. — Bourges, 17 février 1872, S, 72, II, 133.

Contrà. Le Puy, 12 janvier 1865, D. 6·, III, 13. — Martinique,
23 juillet 1866, D. 66, II, 173. En ce sens : Baudry-Lacantinerie, *Droit*
civil, t. II, n° 1318.

meurt dans l'année du divorce, ses héritiers même mineurs, même placés sous la tutelle de leur père, devront s'inscrire et renouveler [1].

Même solution au cas de mariage putatif contracté de bonne foi par la femme.

L'article 8 de la loi du 23 mars 1855 prévoit encore le cas du mineur devenu majeur et de l'interdit relevé de l'interdiction, et décide qu'ils doivent s'inscrire, pour conserver leur rang, dans l'année qui suit la cessation de la tutelle.

Mais la tutelle peut cesser d'autres manières :

Quid, pour l'interdit, si la tutelle cesse par sa mort, alors qu'il est encore en état d'interdiction? Les héritiers doivent-ils s'inscrire? On est d'accord pour répondre affirmativement et ce, qu'ils soient ou non capables, car, même incapables, ils ne sont pas vis-à-vis du tuteur, comme l'était leur auteur, en état de dépendance, bien que pourtant, ces héritiers puissent être sous la tutelle de celui qui était le tuteur de leur auteur.

Quid, pour le mineur, si la tutelle prend fin par son émancipation ou la mort du tuteur? Faut-il prendre l'inscription dans l'année qui suivra ces événements?

En général, on décide que non, parce que l'incapacité continue et que le mineur n'est pas encore à même de veiller à ses intérêts.

Quid, si le mineur décède mineur? On applique l'article 8 pour le même motif qu'on l'applique aux héritiers de l'interdit décédé en état d'interdiction [2].

Donc, si les hypothèques légales dont nous venons

---

1. Nous ne croyons pas que la question se soit encore présentée devant les tribunaux.

2. Amiens, 6 février 1864. D. 64, V. 209 et Dalloz, *Trans. hyp.*, n° 533.

de parler ont été inscrites pendant le mariage ou la tutelle, les inscriptions se périmeront par le délai de dix
ans. Mais la femme, le mineur, l'interdit perdront-ils le
rang de faveur que la loi leur accorde ?

Il faut distinguer :

1° Si le mariage, la tutelle durent encore au moment
de la péremption, la femme, le mineur, l'interdit conservent leur rang.

2° L'inscription se périme après la dissolution du mariage, la cessation de la tutelle, mais, dans l'année qui
suit ces événements ; une inscription pourra être utilement prise jusqu'à l'expiration de ce délai, fût-ce même
après la péremption accomplie.

3° La péremption s'est produite après l'expiration de
cette année : la femme ou le mineur perd le rang de faveur accordé à son hypothèque, si l'inscription n'a pas
été renouvelée en temps utile.

L'hypothèque légale de la femme mariée a pu être
cédée à un tiers ; dans ce cas, le cessionnaire n'en est
saisi, d'après l'article 9 de la loi du 23 mars 1855, à l'é-
gard des tiers, que par l'inscription de cette hypothèque
ou la mention de cette subrogation faite en marge de
l'inscription de l'hypothèque légale. Mais ce rang ne
sera conservé au cessionnaire que s'il renouvelle l'inscription dans le délai de dix ans. Comme le fit remarquer M. Suin, « le cessionnaire des droits de la femme
» ne se trouve pas dans cette sorte de dépendance tout
» au moins morale, qui l'a fait regarder comme empê-
» chée de prendre inscription contre son mari. L'inté-
» rêt des tiers se présente tout entier pour réclamer
» l'application des règles générales de la publicité. »

Maintenant, si le cessionnaire a pris inscription lui-
même, il devra la renouveler dans les dix ans. Si l'hypo-

thèque légale de la femme était inscrite lors de la cession, le cessionnaire fera inscrire une mention de cette cession, en marge de l'inscription originaire ; mais cette mention n'est que l'accessoire de l'inscription et n'a pas de valeur indépendante et dans les dix ans, le cessionnaire devra la renouveler.

Si l'inscription était annulée pour un vice quelconque, la mention sera aussi annulée, fût-elle valable et régulière en elle-même. Aussi les cessionnaires doivent-ils veiller à la conservation de leurs droits, et le meilleur moyen pour eux est de faire inscrire spécialement la subrogation consentie à leur profit.

La doctrine et la jurisprudence sont d'accord sur ce point [1].

Il en résulte encore que, si l'inscription prise par la femme et en marge de laquelle se trouve la mention de subrogation, était périmée, la mention n'ayant plus de force, le subrogé devrait s'empresser de faire inscrire l'hypothèque légale en son nom personnel.

En cas de plusieurs subrogations, la date de ces nouvelles inscriptions réglera l'ordre dans lequel les subrogés exerceront les droits de la femme ; les premiers dans l'ordre des mentions pourront ainsi devenir les derniers dans l'ordre des inscriptions.

La femme pourrait renouveler l'inscription de l'hypothèque légale prise en son nom ; mais le renouvellement ne s'appliquerait qu'à l'inscription et non aux mentions mises en marge, à moins que les bordereaux d'inscription en renouvellement, présentés par la femme, ne les aient reproduites. Le contraire aurait pour conséquence de tromper les tiers qui ne connaîtraient que l'inscription

1. Aubry et Rau, § III, 280. Cass., 18 décembre 1878, D. 79. II, 214.

nouvelle, sans les mentions qui ne seraient pas révélées par cette inscription.

Quant aux autres hypothèques légales, elles sont soumises au principe de la publicité, et par conséquent, doivent être renouvelées, sinon elles se périmeront.

Mais, en ce qui concerne les inscriptions prises en vertu de la loi du 21 ventôse an VII sur ses propres biens, on reconnaît aisément que le conservateur deviendrait maître d'anéantir la garantie exigée par la loi, si le défaut de renouvellement devait produire ses conséquences normales. Juridiquement, ce point peut être exact ; mais l'administration de l'Enregistrement a pris des mesures pour assurer le renouvellement de ces inscriptions. D'après son instruction du 8 août 1809, n° 445, les directeurs tiennent un sommier des cautionnement et doivent veiller à la régularité de ces cautionnements et au renouvellement des inscriptions.

Le renouvellement décennal doit avoir lieu, pour les conservateurs en exercice six mois au moins avant l'expiration des dix ans, et pour ceux sortis de fonctions, depuis l'instruction du 13 mars 1833, le renouvellement se fait dans les trois mois de la cessation des fonctions, quelle que soit la date de l'inscription en cours.

Quoi qu'il en soit, si par un hasard qui ne s'est encore jamais présenté, le renouvellement n'avait pas été effectué, les tiers auraient un recours à exercer sur les immeubles affectés au cautionnement, mais seulement pendant la période restant à courir de l'inscription non renouvelée.

III

Privilèges.

Les privilèges doivent être inscrits et renouvelés dans

les dix ans, sinon, ils dégénèrent en simples hypothèques prenant rang à la date de la nouvelle inscription.

Tel est le principe. Mais des discussions fort graves
se sont élevées en ce qui concerne le privilège du
vendeur, lorsque l'inscription d'office est périmée.

Si l'on admet avec certains auteurs[1] que le privilège
du vendeur est conservé indéfiniment par la transcription du contrat de vente; que cette transcription seule
suffit pour produire cet effet, et que, par conséquent,
elle n'est pas soumise au renouvellement décennal, il
est évident que la péremption de l'inscription d'office ne
cause aucun préjudice au vendeur.

Si, au contraire, on admet que la transcription ne
conserve pas indéfiniment le privilège, l'inscription
d'office se périmera par l'expiration des dix ans; mais
quels seront les effets de la péremption sur le privilège?
Sur ce point les auteurs se sont divisés; les uns admettent que le vendeur, faute de s'inscrire dans les quarante-cinq jours de l'acte de vente, verra son privilège
dégénérer en une simple hypothèque; les autres permettent au vendeur de conserver son privilège tant que
l'immeuble est encore entre les mains de son acquéreur.

Nous écartons le système qui prétend que la transcription conserve indéfiniment le privilège. Cette règle em-
pruntée à la loi du 11 brumaire an VII n'est cependant
pas identique à celle établie par cette loi. Nous voyons,
en effet, que, d'après le système établi en l'an VII, la
transcription de l'acte de vente est en même temps une
réquisition d'inscription; mais c'est toujours cette inscription seule qui donne au privilège la publicité nécessaire. Aujourd'hui, le conservateur prend cette inscrip-

1. MM. Pont, Colmet de Santerre.

tion d'office, mais l'omission de cette formalité ne fait
pas perdre, s'il y a transcription, le privilège qui est attaché à la qualité de la créance.

D'ailleurs, si cette transcription suffisait pour conserver indéfiniment le privilège, le vendeur lui-même pourrait avoir à souffrir de l'absence d'une inscription d'office ou de son non-renouvellement. Voici comment :
l'acquéreur d'un immeuble a fait transcrire et a demandé
un état des inscriptions. Il est à l'abri de toutes les poursuites des créanciers hypothécaires non mentionnés
dans cet état. Il n'y a pas ou il n'y a plus d'inscription
d'office et celle-ci n'est pas relatée dans l'état. Conséquences : l'article 2198 C. civ. est applicable; qui en
supportera les conséquences? le vendeur.

Sans doute, la loi dit bien que la transcription vaudra inscription; soit, mais elle vaudrait davantage si le
bénéfice qu'elle procure n'était pas soumis à la péremption décennale.

Enfin, l'avis du Conseil d'État du 22 janvier 1808 déclare formellement que l'inscription d'office doit être renouvelée par le vendeur.

Cet argument, toutefois, n'a pas toute la portée qu'on
lui attribue, en ce qui concerne les effets de la péremption sur le privilège, car cet avis a pour but de rechercher non pas ce que devient le privilège du vendeur
après la péremption mais qui doit renouveler, du vendeur ou du conservateur qui a pris l'inscription d'office
et il impose ce soin au vendeur. Voilà tout. Alors si
nous supposons qu'un tiers requière, après la péremption, l'état des inscriptions, ce tiers ne trouvant pas sur
cet état l'inscription d'offfice, sera induit en erreur et ne
pourra pas exercer de recours contre le conservateur,
mais contre le vendeur seul.

Certains auteurs[1] ont cherché à combiner l'article 6 de la loi de 1855 avec l'article 2113 du Code civil. La loi de 1855, disent-ils, permet au vendeur d'inscrire son privilège dans un délai de 45 jours, nonobstant toutes transcriptions d'actes faites dans ce délai. C'est une faveur accordée au vendeur; car, s'il en eût été autrement, la transcription arrêtant le cours des inscriptions, le vendeur non payé pouvait, malgré ses diligences, ne pas avoir le temps de s'inscrire, parce que la transcription d'une sous-aliénation aurait été faite avant la transcription de son propre acte de vente. La loi de 1855 a voulu éviter ce danger.

L'inscription du privilège doit être effectuée dans les quarante-cinq jours de la vente. De là résulte que, d'une part, le délai de quarante-cinq jours expiré sans inscription, le privilège sera perdu si une sous-aliénation a été transcrite, et d'autre part, que si, après ce délai, le vendeur prend son inscription, son privilège sera dégénéré en une hypothèque, conformément à l'article 2113 C. ci.

De même si le vendeur ne renouvelle point l'inscription qui conservait son privilège, il n'aura plus qu'une hypothèque[2].

Nous ne croyons pas ce système fondé. Il paraît contraire à l'esprit de la loi de 1855. On aurait pu concevoir que la loi imposât au vendeur un délai pour rendre son privilège public; mais elle ne l'a pas fait.

Le principe de cette loi est que, jusqu'à la transcription, les créanciers privilégiés peuvent prendre inscrip-

---

1. Dalloz, A. *Trans. hyp.*, nº 550. — Flandin, *De la Transcription*, II, nº 1095.

2. La loi belge de 1851 (art. 37) décide que la péremption de l'inscription d'office fait dégénérer en une hypothèque le privilège du vendeur.

tion. Seulement, comme la vente est parfaite entre les parties indépendamment de toute transcription, l'application de la loi eût été dangereuse, car le vendeur aurait perdu son privilège par l'effet d'une sous-aliénation transcrite de suite. De là, une exception pour le cas d'une revente suivie de transcription : un délai de quarante-cinq jours est accordé au vendeur originaire à partir de la première vente pour faire transcrire. L'article 6 de la loi de 1855 contient donc un délai de faveur pour le vendeur, et cette faculté ne saurait être retournée contre lui et devenir un délai fatal à lui imposé pour conserver son droit.

Le texte prévoit seulement l'hypothèse d'une sous-aliénation transcrite, et non celle d'une constitution d'hypothèque, quand même une inscription aurait été prise. On ne peut donc généraliser le deuxième alinéa de l'article 6 qui doit s'interpréter seulement pour l'hypothèse qu'il prévoit.

Nous ne pensons donc pas que le privilège du vendeur dégénère en une simple hypothèque.

On a fait remarquer que le renouvellement devrait avoir lieu, quand même le conservateur aurait négligé de prendre l'inscription d'office, et que, « faute d'opérer » ce renouvellement, le vendeur se trouve dans la con- » dition de celui dont le titre n'aurait jamais été trans- » crit, ou dont le privilège ne se serait jamais produit » par l'inscription. Il ne pourrait s'inscrire à nouveau, » après les dix ans expirés, que si l'immeuble était » dans les mêmes mains, ou si, ayant été aliéné, la » quinzaine de la transcription n'était pas encore écou- » lée [1]. Dans l'un et l'autre cas, le privilège se trouve- » rait intact au moyen de l'inscription. En effet, le ven- » deur serait de même condition que celui qui, ne s'étant

1. On était alors sous l'empire de l'article 834, C. pro.

14

» jamais inscrit, conserve son privilège en s'inscrivant
» pour la première fois pendant la quinzaine de la
» transcription [1] ».

Sous la législation actuelle, nous dirons que le vendeur peut prendre une nouvelle inscription jusqu'à la transcription de la seconde vente. Si donc aucun délai fatal n'est imposé au vendeur pour rendre son privilège public une première fois, si l'inscription ou la transcription, à quelque époque qu'elles soient affectuées, pourvu que ce soit avant la transcription d'une seconde vente, rétroagissent au jour de la vente, il n'y a aucune raison de traiter le vendeur qui aura laissé périmer son inscription moins favorablement que celui qui n'a jamais rempli aucune formalité.

On nous dira, il est vrai, que la situation de ces vendeurs est loin d'être la même. En effet, en l'absence d'inscriptions, les tiers qui traitent avec l'acheteur doivent se reprocher de ne pas s'être assurés que le contrat de vente était transcrit, tandis que les tiers qui voient sur les registres une inscription d'office non renouvelée et qui ont constaté que la transcription avait rendu leur débiteur propriétaire envers et contre tous, ces tiers ont parfaitement pu en conclure que le vendeur avait reçu paiement et que son privilège était éteint. La situation n'est donc pas la même.

Nous répondrons que les tiers qui veulent être prudents, doivent non seulement s'enquérir si le vendeur a encore son privilège, mais en outre si la vente ne peut pas être attaquée, par exemple, par une action en nullité. Ils doivent vérifier les titres de propriété de leur vendeur.

Il est vrai qu'ils ont entre les mains l'état des inscriptions prises dans les dix ans qui précèdent sa délivrance,

1. Troplong. *Hyp.* 1, n° 186, *bis, ter*.

et, s'il n'y a pas eu d'inscription d'office, les tiers igno-
reront si ce fait provient de ce qu'il n'y en a jamais eu
ou de ce qu'elle est périmée. La situation est donc la
même dans les deux cas, qu'il y ait eu inscription ou
péremption.

La question a été controversée dans la jurisprudence ;
cependant la Cour de cassation a fini par suivre la doctrine qui permet au vendeur de conserver son privilège
au moyen d'une nouvelle inscription, tant que l'immeu-
est entre les mains de l'acquéreur et s'il n'est survenu
aucun des événements qui empêchent de prendre inscription [1].

Ce système peut être mauvais dans ses conséquences,
mais il nous semble découler de la loi elle-même.

C'est au législateur qu'il appartient de modifier la loi·
En 1882, une proposition a été présentée par M. Bis-
seuil pour assimiler le privilège du vendeur à celui du
copartageant. Le texte nouveau de l'article 2108, dans ce
projetne contient aucune indication de délai pour l'inscription du privilège du vendeur ; mais il paraît résulter
de l'exposé des motifs que l'intention de l'auteur de la
proposition est d'assimiler le vendeur au copartageant
pour le sort du privilège ; celui-ci dégénérerait alors en
une simple hypothèque faute d'être inscrit dans les
soixante jours [2].

Indépendamment du privilège, le vendeur non payé a
une action résolutoire dont l'existence n'était pas liée,
avant 1855, à celle du privilège. Celui-ci pouvait être
éteint et l'action résolutoire lui survivre.

1. Cass., 23 décembre 1845, D, 46, I, 380. — Cass., 23 décembre 1863, D. 64, I, 105. — Cass., 6 mai 1868, D, 68, I, 316. — Paris,
20 février 1834, D. 34, II, 132. — Paris, 17 août 1877, D. 78, II, 36. —
Contrà. Toulouse; 23 mars 1829, D. 30, II, 112.

2. *J. Off.* 24 mars 1882, annexes, n° 809, p. 1321.

Lors des discussions sur la réforme hypothécaire, en 1849, M. Pougeard proposa que l'action résolutoire ne pût être exercée au préjudice des créanciers inscrits, parce que cette action était inutile pour le vendeur qui avait conservé son privilège et nuisible pour l'acheteur dont le crédit se trouvait atteint, car la transmission de l'immeuble était entravée. Cette solution fut écartée par la commission ; puis, lors de la discussion du projet, M. Rouher, garde des sceaux, proposa de soumettre l'action résolutoire à la même publicité que le privilège ; de là l'article 7 de la loi du 23 mars 1855.

Cette action résolutoire est liée désormais au sort du privilège ; elle s'éteint si le privilège vient à s'éteindre. Elle ne peut plus être exercée au préjudice des tiers qui ont acquis des droits sur l'immeuble du chef de l'acquéreur et qui se sont conformés aux lois pour les conserver. Mais elle subsisterait, nonobstant l'extinction du privilège, contre l'acheteur, ses héritiers ou autres ayants cause, car ce ne sont pas des tiers.

Nous venons d'examiner les conséquences du renouvellement et de la péremption sur les hypothèques conventionnelles, légales, judiciaires et les privilèges. Recherchons maintenant quelle est l'influence du renouvellement sur le contenu des états délivrés par les conservateurs des hypothèques.

Aux termes de la circulaire n° 902 de l'administration de l'Enregistrement, les conservateurs ne doivent mentionner dans les états que les inscriptions prises dans les dix ans qui précèdent la date de la réquisition, à moins d'une demande expresse des parties indiquant qu'elles veulent connaître les inscriptions renouvelées.

Cette mesure peut être critiquée. De graves difficultés,

en effet, en ont surgi, ainsi que le prouve la jurisprudence qui a été appelée maintes fois à statuer sur des
questions de ce genre [1].

Souvent, il arrive que l'inscription en renouvellement
ne concorde pas avec l'inscription originaire ; les créanciers, les débiteurs ont pu changer ; il y a eu des radiations partielles, des cessions, etc. L'intérêt des tiers sera
donc le plus souvent de requérir un état comprenant
même les inscriptions originaires ; ainsi, dans un ordre,
le juge-commissaire se fera produire la filière des inscriptions. C'est, en effet, l'inscription primitive qui fixe
les droits de chacun. Comment, si l'état ne contient que
le dernier renouvellement, le juge pourra-t-il régler la
situation de chacun, selon son rang exact ? Si ces renseignements font défaut, la responsabilité du juge peut
se trouver engagée [2].

Mais, ce n'est pas tout ; on peut encore formuler d'autres critiques contre cette circulaire de l'administration.
Aux termes des articles 2196 et 2197 du Code civil, les
conservateurs doivent délivrer copie des inscriptions
subsistantes. Par conséquent, ils relatent dans leurs
états les inscriptions ayant une existence légale, et ce,
sans limitation de temps, si la réquisition porte de délivrer les inscriptions existantes jusqu'à tel jour contre... X. Nous pensons qu'alors les conservateurs pourraient faire figurer dans leurs états les inscriptions

1. Voir notamment : Dijon 9 juill. 1868, *Recueil des arrêts de la
Cour de...* 1868, p. 70. — Cass. 4 avril 1849. D. 49, I, 106. — Paris
3 nov. 1849, D. 52, II, 146.

2. De même, les inscriptions primitives peuvent seules, en principe, faire connaître le chiffre exact des créances et les créanciers
qui viennent en ordre utile. Généralement les avoués, notaires qui
représenteront les parties dans un ordre, seront munis d'états relatant
les inscriptions primitives et celles prises en renouvellement.

renouvelées. En effet, aux termes de la jurisprudence, un état doit contenir toutes les inscriptions qui ne sont ni radiées, ni périmées, sauf réquisition expresse des parties. Cela est évident ; mais, quand une inscription originaire est renouvelée en temps utile, elle conserve tout son effet par le renouvellement ; dès lors, elle est essentiellement subsistante et nous avons vu que sa délivrance est nécessaire, puisque c'est elle qui fixe le rang de l'hypothèque, et que la date de l'inscription originaire est le point de départ de la publicité.

Il est bien entendu que, si la réquisition porte que l'état est requis d'une époque donnée à une autre, le conservateur ne pourrait dépasser les limites de la réquisition, sans engager sa responsabilité.

Nous ne saurions donc adopter dans toute sa généralité la teneur de la circulaire n° 902, d'autant plus que peut-être prévoit-elle seulement le cas où un conservateur requis de délivrer un certificat à partir d'une époque déterminée, porterait les inscriptions de renouvellement à dater de cette époque et en outre, les inscriptions originaires.

Le Conseil d'État, et c'est notre dernier argument, a si bien compris que les inscriptions renouvelées ne cessent pas de subsister, que les ordonnances royales des 14 juin et 22 novembre 1829, art. 23, établissant le régime hypothécaire, la première à la Guadeloupe et la Martinique, la seconde à l'île Bourbon, prescrivent la délivrance dans les états, des inscriptions primitives et de celles en renouvellement ; et ces ordonnances sont postérieures à la date de la circulaire de l'Enregistrement.

CHAPITRE V

Il est certain que les créanciers hypothécaires ou privilégiés, même postérieurs, peuvent écarter celui dont
l'inscription n'a pas été renouvelée, en lui opposant le
défaut de renouvellement. Mais les créanciers chirographaires ont-ils le même droit?

La question a été controversée.

Les uns prétendaient que le créancier hypothécaire,
non inscrit ou non renouvelant, était préféré, sur le
prix de la vente de l'immeuble, aux créanciers chirographaires. En effet, disaient-ils, l'hypothèque est complètement indépendante de l'inscription quant à son
existence. Par conséquent, le créancier hypothécaire,
même non inscrit ou non renouvelant, doit avoir un
certain avantage sur les créanciers chirographaires; si
l'inscription est nécessaire, c'est seulement sous le rapport de l'attribution d'une préférence et de la fixation
d'un rang parmi les créanciers hypothécaires. Le créancier hypothécaire n'a pas à réclamer un rang ou une
préférence en vertu de l'inscription ; les créanciers chirographaires sont écartés par lui, sans le secours de

l'inscription, par le seul bénéfice que lui procure l'existence de l'hypothèque[1].

Aux partisans de ce système on opposait les principes mêmes régissant les hypothèques dans le Code civil. Le législateur n'admet à l'égard des tiers d'autre hypothèque que celle inscrite, sauf les exceptions concernant les hypothèques légales, exceptions qui, marquées partout à côté de la règle, confirment celle-ci. Toute préférence est donc attachée à l'inscription ; celle-ci seule donne efficacité à l'hypothèque à l'égard des tiers.

La Cour de cassation a adopté ce dernier système par un arrêt du 19 décembre 1809[2], où nous trouvons ce considérant : « Vu les articles 2134 et 2135 du Code » civil, et attendu qu'aux termes du premier article, » l'hypothèque n'a de rang entre les créanciers que du » jour de l'inscription, et que le deuxième ne donne » l'existence, indépendamment de toute inscription, qu'à » des hypothèques légales.»

En 1817, la Cour suprême confirma, sur ce point, sa jurisprudence première, en rejetant le 11 juin 1817, après un délibéré de deux jours, le pourvoi formé contre un arrêt de Riom rendu sur les conclusions conformes de Grenier[3].

Depuis cette époque, la question en jurisprudence et en doctrine est définitivement tranchée en faveur des créanciers chirographaires[4].

Tout créancier peut donc opposer le défaut de renouvellement de l'inscription, et ce, alors même qu'il aurait

1. Grenier, *Hyp*. I, n° 60.
2. D. 1810, I, 15.
3. D. 1817, I, 297.
4. Pont, II, n° 729. Aubry et Rau, III. § 267.

eu connaissance de l'hypothèque dont l'inscription n'était
pas renouvelée, car, pour être primé, il faut que cette
connaissance de l'hypothèque lui soit donnée par une
inscription [1].

Le débiteur, ses héritiers peuvent-ils opposer le défaut
de renouvellement?

Non : la publicité n'est pas une condition d'existence de
l'hypothèque pour le débiteur ; elle a pour objet unique
de prévenir ces tiers que les immeubles du débiteur sont
déjà grevés d'hypothèques.

Les héritiers ne pourront pas davantage opposer le
défaut de renouvellement. Tenus personnellement des
dettes pour leur part et portion, ils devront s'exécuter
pour leur part.

Mais *quid*, dans l'hypothèse d'un héritier tiers détenteur de l'immeuble hypothéqué ?

Le créancier peut poursuivre cet héritier, non-seule-
ment en vertu de son droit hypothécaire, mais encore
en vertu d'un droit personnel. Cet héritier est tenu
personnellement ; son seul droit est d'exercer un recours
contre ses héritiers.

En vain dira-t-on que cet héritier n'est tenu personnellement que de sa part et portion et que, pour le
surplus, c'est l'immeuble qui est tenu. N'étant plus tenu
personnellement, il est étranger à la dette, il est un
tiers détenteur de l'immeuble. Comme tel, il peut opposer
le défaut de renouvellement.

Mais l'hypothèque existait à l'égard du débiteur, bien
que non inscrite ; elle doit donc exister de même à l'égard
des héritiers, car le partage est sans influence sur cet
état de choses. Le créancier pourra donc agir sans avoir
à justifier d'aucune inscription. La dette devenue per-

1. S. 1807, II, 179.

sonnelle à l'héritier, ne cesse pas d'être hypothécaire ;
l'héritier en sera tenu pour le tout sauf, bien entendu, son
recours contre ses cohéritiers.

Nous irons même jusqu'à décider que le débiteur ou
ses héritiers ne peuvent acquérir sur l'immeuble hypothéqué un droit opposable à leurs créanciers hypothécaires. Le cas s'est présenté à propos du copartageant
devant la cour de Nancy. Il s'agissait d'une veuve qui
avait fait inscrire son hypothèque légale en 1860, plus
de cinq ans après le décès du mari ; elle renouvela en
1872. En 1860, un héritier du mari inscrivit son privilège de copartageant et renouvela en temps utile. En
1876, un ordre fut ouvert et la veuve colloquée avant
l'héritier. Ce dernier prétendit que l'hypothèque légale
n'avait pas été inscrite dans les délais et n'avait pas été
renouvelée en temps utile. La veuve répondit qu'elle
avait une hypothèque légale et que celle-ci, même
occulte, pouvait être valablement opposée au mari et à
ses héritiers qui n'étaient pas des tiers dans le sens de
la loi de 1855 ; que, par conséquent, ils étaient mal fondés à invoquer l'absence d'inscription ou le défaut de
renouvellement. La cour de Nancy, confirmant le jugement du tribunal de Rethel, décida que la veuve avait
été colloquée en son rang légal[1].

Le débiteur et ses représentants ne peuvent donc pas
opposer à leurs créanciers hypothécaires le défaut de renouvellement de leurs inscriptions, pas plus qu'ils ne
peuvent, après avoir acquis une hypothèque sur l'immeuble par eux aliéné, opposer, comme créanciers hypothécaires, le défaut de renouvellement aux créanciers
qui ont des hypothèques de leur chef.

Qu'arriverait-il si le débiteur ou ses héritiers avaient

1. Cass. 8 déc. 1880. S. 82, 1, 13.

cédé leur hypothèque ? Le cessionnaire pourrait-il opposer le défaut de renouvellement que son cédant n'aurait pu opposer ?

La Cour de cassation a adopté la négative, parce que le débiteur ne peut pas céder plus de droits qu'il n'en a [1].

Nous penchons, au contraire, à admettre l'affirmative, parce que le cessionnaire est un successeur à titre particulier ; comme tel, il est absolument étranger aux obligations de son cédant. Si celui-ci ne peut opposer le défaut de renouvellement, c'est parce que, constituant, il ne peut méconnaître le contrat qu'il a consenti ; mais le cessionnaire ne se trouve plus dans les mêmes conditions et ne peut être écarté pour le même motif [2].

En résumé, toute personne intéressée, sauf les exceptions que nous venons d'indiquer, peut opposer le défaut de renouvellement. Ajoutons qu'elles le peuvent, alors même qu'elles auraient eu connaissance de l'hypothèque, dont l'inscription n'a pas été renouvelée, par une voie autre que celle de l'inscription, car la loi ne connaît qu'une seule publicité : l'inscription. Ce point ne fait aucun doute dans la jurisprudence et la doctrine [3] ?

Rappelons en terminant que le défaut de renouvellement n'entraîne pas l'extinction de l'hypothèque. Mais la perte du rang par la péremption peut équivaloir à la perte de l'hypothèque. C'est ce qui arriverait, s'il survenait après la péremption et avant la nouvelle inscription, un de ces événements qui mettent obstacle à une inscription.

Est-il permis de convenir que les créanciers hypothécaires conserveront leur rang quand bien même leurs

1. Cass. 24 juill. 1815. D. 55, I, 396.
2. En ce sens Laurent, XXX. p. 527.
3. V. S. 1807, II, 179. Aubry et Rau, § 267 note 9. Pont nº 728.

inscriptions ne seraient pas renouvelées; en d'autres
termes, peut-on par convention dispenser du renouvellement décennal?

L'affirmative nous paraît certaine. Il s'agit d'une convention d'intérêt privé qui ne nuit en rien à l'ordre
public. La jurisprudence, appelée à statuer sur ce point
une seule fois, du moins à notre connaissance, l'a résolu
affirmativement. Dans l'espèce prévue par l'arrêt du
1er juillet 1850 [1], il n'était pas question d'une convention
intervenue entre un débiteur et un créancier, par laquelle ce dernier était dispensé du renouvellement;
mais il s'agissait d'un créancier hypothécaire qui avait
consenti à être primé par une autre hypothèque quand
même l'inscription de celle-ci ne serait pas renouvelée.
Le créancier au profit duquel était intervenue cette stipulation pouvait-il s'en prévaloir, bien qu'il n'eût pas
été partie au contrat? La Cour de cassation admit qu'il
le pouvait, car « on peut stipuler au profit d'un tiers,
» lorsque telle est la condition d'une stipulation que l'on
» fait pour soi-même ».

1. D. 50, 1, 122.

CHAPITRE VI

Rigoureusement, l'inscription n'a produit son effet que lorsque le créancier a été payé du montant de sa créance garantie par l'hypothèque. Par conséquent, l'inscription devant conserver le droit hypothécaire jusqu'au paiement, elle produit son effet à ce moment et n'est plus alors soumise au renouvellement décennal. Ce résultat semble généralement trop rigoureux, et les auteurs reconnaissent presque tous que l'obligation de renouveler doit cesser au moment où le droit du créancier est transporté de l'immeuble sur le prix. Reste à déterminer ce moment, et c'est un point sur lequel les interprètes sont en désaccord.

Aucun texte ne fixant cet instant précis où les créanciers hypothécaires seront dispensés du renouvellement, nous devons envisager la situation qui leur est faite dans les hypothèses suivantes :

I. Il s'agit d'une vente volontaire ;

II. Ou bien c'est une vente sur saisie immobilière ;

III. Enfin, il y a expropriation pour cause d'utilité publique.

Après avoir examiné successivement ces trois cas, nous indiquerons très brièvement l'influence sur le renouvellement : 1° de la faillite ; 2° de la vacance d'une succession ; 3° de l'acceptation bénéficiaire de la succession du débiteur ; 4° de la cession de biens.

I.

Vente volontaire.

Le contrat de vente volontaire ne peut faire produire à l'inscription son effet légal ; il n'y a, en effet, d'obligation qu'entre le vendeur et l'acheteur. Ce dernier s'engage à payer son prix entre les mains du vendeur, mais il ne contracte aucun engagement envers les créanciers inscrits du chef de son vendeur ; ces créanciers n'ont donc aucun droit sur le prix.

Sera-ce la transcription de la vente qui fera produire à l'inscription son effet légal ? Nous ne le croyons pas. La transcription arrête le cours des inscriptions, en ce sens que les ayants cause du vendeur ne pourront plus s'inscrire, mais elle ne concerne pas les créanciers inscrits. L'acquéreur n'est pas plus obligé de les payer qu'il ne l'était avant la transcription ; la position de ces créanciers reste absolument la même[1].

Toutefois, si l'acquéreur ne peut être poursuivi par l'action personnelle des créanciers, il est exposé au droit de suite de leur action hypothécaire. Il est par conséquent facile de comprendre que cet acquéreur doit chercher à libérer son immeuble des charges hypothécaires et à se mettre ainsi à l'abri du droit de suite.

A cet effet, la loi fournit plusieurs moyens :

1° Il peut opposer le bénéfice de discussion (2170) ;

2° Il peut payer tous les créanciers ;

3° Il peut les payer jusqu'à concurrence de son prix ;

---

1. Cass. 15 déc. 1829. D. 30, 1, 6. — Cass. 17 fév. 1834. D. 34, I, 106

4° Il peut délaisser ;

5° Il peut purger.

Le premier moyen ne peut être employé que si toutes les conditions prescrites par la loi sont réunies, ce
qui est rare.

Dans le second cas, il est bien certain que, du jour
où les créanciers hypothécaires ont reçu paiement intégral, ils ne sont plus soumis à la nécessité du renouvellement. Que si, quelques-uns sont seuls payés intégralement, les autres seront soumis à l'obligation du
renouvellement.

Restent deux autres partis pour le tiers acquéreur :
le délaissement et la purge.

Occupons-nous successivement de l'un et de l'autre.

Du délaissement. — La sommation faite à l'acquéreur, en vertu de l'article 2169, est un préliminaire de
la saisie que le créancier pratiquera sur lui ; elle ne
constitue pas encore l'acquéreur débiteur personnel envers le créancier.

Mais si, conformément à l'article 2173, l'acquéreur,
après le délaissement, reprend son immeuble, ou se
demande si cette reprise fait produire à l'inscription
son effet légal.

Nous admettons l'affirmative. En effet, par le fait de
cette reprise, le tiers détenteur devient le débiteur direct et personnel de ces créanciers, dès lors ceux-ci
seront dispensés du renouvellement[1].

Contre cette solution on a élevé l'objection suivante :
cette reprise n'a pour effet que de replacer le tiers détenteur dans la situation où il était avant le délaisse-

---

1. En ce sens : Laurent, XXXI, nᵒ 139, Martou, II nᵒ 1164. — Dalloz,
A. Priv et hyp. nᵒ 1685. — Ribérac, jugem. du 26 nov. 1822 confirmé
par Bordeaux, 14 août 1828 et par Cass. 24 fév. 1830. S. 30, I, 84.

ment. Il est resté propriétaire, même après avoir délaissé ; sa possession seule a été interrompue. Il reprend
donc sa chose telle qu'elle était lors du délaissement,
avec les mêmes obligations. Or, les créanciers hypothécaires, lors du délaissement, ne pouvaient le poursuivre qu'en vertu de leurs inscriptions ; à eux seuls
inscrits, le tiers détenteur pouvait délaisser. Ce ne sera
donc qu'envers ces mêmes créanciers, toujours inscrits,
qu'il pourra se trouver obligé, en recouvrant l'immeuble, et pour être toujours inscrits, ces créanciers devront renouveler leurs inscriptions.

Cette objection n'est pas décisive. Le tiers détenteur
qui reprend l'immeuble qu'il a délaissé, n'est pas dans
la même position où il était avant le délaissement : « il
» ne faut pas confondre, dit la Cour de cassation, dans
» son arrêt du 24 février 1830, les obligations imposées
» au tiers détenteur par les articles 2167, 2168 et s. C.
» civ., obligations qui sont accompagnées d'une faculté
» d'alternative, celle de payer ou de délaisser, avec
» l'obligation stricte, pure, positive et absolue imposée
» par l'article 2173 pour le cas où, après avoir délaissé
» les biens, le tiers détenteur est admis à les reprendre
» et les a repris de fait... la reprise des biens, après un
» délaissement effectué, produit un nouvel état de
» choses, opère une espèce de contrat nouveau et per-
» sonnel entre les tiers détenteurs et le créancier, par
» l'effet duquel le tiers détenteur se subrogeant volon-
» tairement aux lieu et place du débiteur originaire et
» principal, se soumet à payer toute la dette et les frais;
» cette obligation est, aux termes de l'article 2173, la
» condition inséparable de la reprise ».

Nous pensons donc que l'obligation du renouvellement décennal cesse de plein droit, quand la reprise des

biens a été faite avant l'expiration des dix années de
l'inscription. Néanmoins le créancier prudent fera toujours bien de renouveler son inscription, car il pourrait se trouver simple créancier chirographaire du tiers
détenteur. En effet, si ce dernier venait à aliéner l'immeuble, ce créancier ne pourra suivre l'immeuble, car
il n'a plus de droit de suite.

Voilà un des partis que l'acquéreur peut prendre
pour se soustraire aux effets des hypothèques, mais il
perdra l'immeuble. La loi alors lui fournit un autre
moyen de garder l'immeuble par devers lui, et d'échapper aux hypothèques : c'est la purge.

De la purge. — Dans ce but, l'acquéreur notifie aux
créanciers inscrits un extrait de son titre, un certificat
de la transcription de l'acte de vente et un tableau des
créances inscrites, en déclarant par le même acte qu'il
est prêt à acquitter sur-le-champ les dettes hypothécaires jusqu'à concurrence de son prix.

Les créanciers peuvent accepter expressément ou
tacitement, en laissant écouler un délai de 40 jours sans
agir ; ou bien s'ils trouvent que les offres de l'acquéreur
sont inférieures à la vraie valeur de l'immeuble, ils
requièrent la mise de cet immeuble aux enchères, en
faisant soumission de porter ou faire porter le prix à un
dixième en sus de celui qui leur est offert. Enfin, qu'il
y ait ou non surenchère, un ordre s'ouvrira à l'effet
de payer les créanciers et ceux qui produiront à cet
ordre recevront des bordereaux de collocation, s'ils
viennent en ordre utile.

A quel moment donc, dans une vente volontaire suivie de purge, l'inscription aura-t-elle produit son effet et
sera-t-elle dispensée du renouvellement ?

Assurément ce ne sera pas au moment de la trans-

15

cription du contrat, car nous avons vu plus haut que la transcription arrêtait les inscriptions à prendre et ne touchait pas aux créances inscrites. Mais, si ce point est hors de doute, nous sommes encore en présence de plusieurs systèmes entre lesquels il nous faut choisir. Un premier système prétend que l'inscription a produit son effet légal, et que, par conséquent, il n'y a plus nécessité de renouveler, à partir de l'expiration du délai de surenchère, et, s'il y a surenchère, à partir de l'adjudication.

Un second système porte : l'ouverture de l'ordre dispense les créanciers de renouveler.

Un troisième dit : ce sera la délivrance des bordereaux de collocation.

Enfin, dans un quatrième système que nous adoptons, l'inscription a produit son effet légal au moment où l'acquéreur fait les notifications, qu'il y ait ou non surenchère dans les 40 jours.

Premier système. — La nécessité du renouvellement cesse au jour de l'expiration du délai de surenchère, et, s'il y a surenchère, à partir de l'adjudication qui suivra cette surenchère.

Ce n'est qu'au jour de l'expiration de ce délai qu'il y a un engagement, un contrat d'acceptation. Le concours des volontés n'existe pas par le fait seul de l'offre du tiers détenteur ; il faut encore que cette offre ait été acceptée et cette acceptation se manifeste expressément, ou bien tacitement par l'expiration des quarante jours[1].

Cette théorie nous paraît inexacte. La notification de l'acquéreur n'est pas une simple pollicitation. L'acquéreur n'est pas maître de retirer son offre ; il a pris un en-

1. Laurent, XXXI, n° 140. — Troplong, III n° 724 — Paris 16 janv. 1849. D. A. *Priv. et hyp.* n° 1685.

gagement irrévocable et le consentement est bien censé
donné par les créanciers du jour où les notifications leur
sont faites, s'ils ne manifestent le contraire. Pour eux, il
y a un droit acquis, un droit certain; dès lors, l'effet
légal de l'inscription est produit.

Les partisans de ce système ajoute qu'en cas de surenchère, l'inscription sera soumise au renouvellement jusqu'à l'adjudication. Pourquoi? parce que, disent-ils, il y
avait un contrat entre l'acquéreur et les créanciers, mais
la surenchère vient le détruire ou l'empêcher de se former, et alors nous sommes en présence d'une vente
forcée.

Nous n'admettons point cette prétention. A la suite des
notifications et de la soumission faites aux créanciers
par l'acquéreur, les créanciers ont acquis un droit certain
sur le prix, sous la condition qu'il serait augmenté, s'il
y avait surenchère. « La surenchère, dit la Cour de cas-
» sation, ne fait que substituer un acquéreur nouveau
» au premier, et augmenter le gage commun. Si les
» créanciers, par les notifications, ont l'acquéreur pour
» obligé sur son prix en vertu d'un quasi-contrat, ce
» quasi-contrat est continué à leur profit dans les
» mêmes termes et selon les mêmes droits à l'égard de
» l'enchérisseur, d'abord sur la caution qu'il doit four-
» nir, et en définitive, sur le prix de la nouvelle adjudi-
» cation. Celle-ci, en définitive, ne fait qu'assurer de
» plus en plus leurs droits hypothécaires sur le prix de
» l'immeuble vendu [1]. »

La surenchère laisse les créanciers sûrs d'être payés
autant qu'un créancier peut en avoir la certitude, et
même la sécurité de ces créanciers n'en est que plus
grande. L'engagement de l'acquéreur surenchéri sera

1. Cass. 19 juill. 1858. D. 58, 1, 315.

remplacé par celui du surenchérisseur, et celui-ci
pourra l'être à son tour par celui de l'adjudicataire définitif.

D'ailleurs, remarquons que ce premier système
ouvrirait la porte à de nombreux abus. Voici, en effet,
ce qui pourrait arriver : des notifications sont faites, par
exemple, le 1er septembre 1887. La surenchère doit être
formée dans les quarante jours. Supposons une inscription qui doive périmer le 20 septembre ; selon qu'il y
aura ou non surenchère, le créancier perdra ou non
son droit s'il n'a pas renouvelé. Alors un créancier postérieur, sans grandes chances d'être payé, profitera de
la péremption de l'inscription qui le primait pour faire
une surenchère et écarter le créancier antérieur.

Deuxième système. — L'effet légal de l'inscription est
produit au moment de l'ouverture de l'ordre.

Merlin a présenté ce système s'appuyant sur les raisons suivantes : l'acquéreur volontaire contracte, comme
l'acquéreur par expropriation forcée, l'engagement de
payer. Le moment de l'ouverture de l'ordre est celui où
le créancier inscrit doit véritablement faire usage de son
inscription. Comment pourrait-il alors s'en prévaloir, si
elle n'existait plus dans toute sa vigueur ? que lui servi-
rait-il alors de la produire si, dans l'intervalle de l'adjudication à l'ouverture de l'ordre, elle avait atteint son
terme fatal, et que, par là, elle fût considérée comme
non avenue[1] ? Pour Merlin, l'acquéreur volontaire contracte comme l'acquéreur sur expropriation forcée engagement de payer les créanciers inscrits jusqu'à concurrence de son prix ; or, on verra que la vente forcée

---

1. En ce sens : Lyon 17 août 1822. — Bordeaux 17 mars 1828, D.
A. *Priv. et hyp.* n° 1687.

n'empêche pas la péremption des inscriptions avant
l'ouverture de l'ordre. Tel est le système [1].

Il ne nous paraît pas juridique. L'ordre a pour but
de régler les effets de droits préexistants; il est simplement déclaratif, comme dit Grenier. Il constate les droits
et opère la division des prix, voilà tout ; et nous verrons
plus bas que le droit au prix est définitivement acquis
aux créanciers dès le moment des notifications.

Troisième système. — La dispense de renouvellement
se produit au moment de la délivrance des bordereaux
de collocation.

En effet, soutiennent les partisans de ce système, la
délivrance de ces bordereaux est suivie d'un paiement
immédiat, et le créancier colloqué, en donnant quittance
du montant de sa collocation, aux termes de l'article 772
C. proc. civ. doit consentir à la radiation de son inscription. On se renferme ainsi dans l'article 2154, et tout
autre système est un empiètement sur les droit de la
puissance législative [2].

L'auteur de ce système, qui reproche aux autres opinions émises sur la question qui nous occupe, de reposer
sur une idée de condition rétroagissant à une époque
quelconque est bien forcé d'en admettre une dans le
sien. En effet, si le paiement a lieu après la délivrance
des bordereaux, l'effet de l'inscription est regardé comme
produit au jour de la délivrance des bordereaux; si ce
paiement n'a pas lieu, l'effet de l'inscription n'est pas
produit, il faudra renouveler. Il y a donc également,
dans ce système, une condition qui rétroagit.

On a objecté contre le système que nous venons d'exposer qu'il était impossible que le créancier pût renou-

1. Merlin, *Rep. Ins. hyp.* § 8 bis.
2. Dalloz, A. *Priv. et hyp.* n° 1678.

veler l'inscription jusqu'à la délivrance des bordereaux, parce que ce créancier, aux termes de l'article 754 du Code de procédure, a produit ses titres et les a remis entre les mains du juge commissaire.

Nous écartons cette objection, non pas en disant, comme certains auteurs, que le créancier en renouvelant peut se borner à renvoyer à l'inscription primitive, mais en faisant observer que le créancier a un moyen de remplir les conditions que nous croyons nécessaires pour le renouvellement. Il n'aura qu'à demander communication de ses titres au juge commissaire, ou bien celle des registres des inscriptions au conservateur des hypothèques.

Si nous n'admettons pas cette objection contre le système qui reporte la dispense du renouvellement au moment de la délivrance des bordereaux de collocation nous n'en repoussons pas moins ce sytème qui a le grave inconvénient de faire dépendre l'effet légal de l'inscription du moment où il plaira au juge, voire même au greffier, de remettre ces bordereaux.

Les diverses raisons qui nous ont fait écarter toutes les opinions que nous venons d'examiner, nous conduisent à prendre parti pour une solution que nous pouvons regarder comme définitivement admise par la jurisprudence actuelle.

L'inscription, dirons-nous, a produit son effet légal, et, par conséquent, n'a plus besoin d'être renouvelée du jour où l'acquéreur fait les notifications aux fins de purge, et cela, encore bien que, sur ces notifications, il survienne une surenchère.

En effet, par la dénonciation aux créanciers inscrits, l'acquéreur se soumet à l'obligation d'acquitter les créances inscrites jusqu'à concurrence de son prix. Dès ce

moment les créanciers hypothécaires ont un droit acquis
sur le prix. Nous avons vu, en réfutant le premier système, que, pour nous, le consentement est censé donné
de la part des créanciers dès le jour des notifications.
Cet engagement doit donc avoir effet du jour où il est
pris, car « ce n'est pas le temps qui forme les contrats
» mais le consentement exprès ou tacite ».

Nous donnerons la même solution s'il y a eu surenchère.

D'abord, le contraire mènerait à cette conséquence,
que, s'il n'y a pas de surenchère, le créancier pourra
sans danger laisser périmer son inscription, et que, s'il
y a surenchère après la péremption de son inscription,
il perdra son droit.

Sans doute, on pourrait prétendre qu'il y a résolution
résultant de la surenchère, et qu'alors le droit de
l'acquéreur disparaît. Mais remarquons que si l'acquéreur se trouve dégagé vis-à-vis du vendeur et des créanciers, l'immeuble cependant sera vendu un prix supérieur d'un dixième au moins à celui de l'acquéreur
surenchéri. Or, ce fait ne modifie en rien les droits des
créanciers qui auront au contraire plus de chances
d'être payés[1].

La même doctrine s'appliquera si la vente volontaire
est faite en justice, par exemple aux adjudications sur
licitation. Ce n'est plus comme dans les ventes forcées ;
l'adjudication ne dispense pas l'adjudicataire de recourir, s'il veut purger, aux notifications prescrites par
l'article 2183, car elle n'établit pas de rapports de droit

---

1. En ce sens : Aubry et Rau, III. § 280. — Cass. 30 mars 1831, D.
A. *Priv. et hyp.* n° 1686. — Dijon, 13 août 1855. D. 56, II, 101. —
Cass. 19 juill. 1858. D. 58. I, 343. — Paris 21 fév. 1825 D. A. *Priv, et
hyp.* n° 1686.

entre l'adjudicataire et les créanciers inscrits. Le gage hypothécaire disparaît pour faire place à la somme d'argent que l'acquéreur s'est engagé à payer aux créanciers au moment même où ces notifications sont faites.

La raison en est facile à saisir. Dans la vente forcée, les créanciers inscrits sont liés à la procédure par les sommations légales ; ils sont présents à toutes les opérations de cette procédure, tandis que dans la vente volontaire, aucune sommation ne leur est adressée ; ils sont donc absolument étrangers à la procédure.

Il peut arriver que, dans ces ventes judiciaires, l'adjudication soit suivie dans les huit jours d'une surenchère du sixième.

En ce cas, la surenchère du dixième n'est plus possible. Mais la nouvelle adjudication ne dispense pas de faire les notifications de l'article 2183 si l'acquéreur veut purger, ni de renouveler les inscriptions jusqu'à ces notifications, parce que les créanciers ne sont pas liés à la procédure [1].

La même idée était exprimée par M. Pascalis, à la Chambre des députés, lors de la discussion de la loi du 2 juin 1841 : « il est bien entendu, disait-il, que les » créanciers hypothécaires ne peuvent avoir leurs droits » purgés qu'autant que les notifications voulues par le » Code civil leur ont été faites. »

Souvent le premier créancier hypothécaire se porte acquéreur dans une vente volontaire, en stipulant que son prix sera imputé sur sa créance. Quelle influence cette situation aura-t-elle sur l'obligation du renouvelle-

---

1. Aubry et Rau, III, § 280. — Cass. 18 fév. 1834. S. 34, I, 76. — Cass. 14 nov. 1866. S. 67, I, 21.

ment ? Ce créancier acquéreur devra-t-il renouveler son
inscription jusqu'au moment des notifications ?

La question est délicate. Le créancier pourrait, sem-
ble-t-il, invoquer deux raisons pour se prétendre dispensé du renouvellement : la confusion et la compensation.

La confusion : en effet, dira-t-il, je suis devenu acquéreur d'un immeuble sur lequel j'avais une hypothèque :
je suis devenu débiteur de ma propre créance, d'où confusion dans le sens de l'article 1300.

La compensation : je suis devenu, ajoutera-t-il, débiteur de mon vendeur qui est en même temps mon débiteur ; il y a donc une compensation entre ma créance
hypothécaire sur mon vendeur et ma dette du prix de
vente. Ma créance est éteinte et mon hypothèque disparaît.

La jurisprudence, avec raison, n'a pas admis ce rai-
sonnement, et elle impose au créancier l'obligation de
renouveler son inscription jusqu'aux notifications. Les
conditions de la compensation font défaut : l'acheteur ne peut pas payer son prix au vendeur ; d'autre
part le créancier ne peut contraindre au paiement le
débiteur du prix de vente. Or, la compensation veut
deux dettes actuellement exigibles.

Le créancier acquéreur de l'immeuble hypothéqué ne
peut pas invoquer la confusion, parce qu'il est constamment menacé d'être évincé de l'immeuble par les autres
créanciers hypothécaires ; la continuité de ce péril entraîne l'existence continuelle d'une hypothèque. La
translation de propriété n'est pas définitive, ni certaine.
En effet, de deux choses l'une : ou l'acquéreur purge
et alors il est exposé à la surenchère ; ou bien il ne veut
pas purger et reste soumis à l'action en délaissement.

Il n'y a donc pas extinction complète de la créance ; celle-ci subsiste tant que l'immeuble n'est pas degrevé des hypothèques.

Si elle subsiste, elle subsiste avec l'hypothèque qui la garantit. Or, pas d'hypothèque sans inscription. Donc il faut nécessairement renouveler pour conserver une hypothèque efficace [1].

II

Vente sur saisie immobilière.

Si l'on envisage les diverses phases de la procédure d'une expropriation forcée, on peut proposer de fixer le moment où le renouvellement de l'inscription n'est plus nécessaire :

1° A la transcription du procès-verbal de saisie immobilière et à la sommation faite aux créanciers inscrits de prendre communication du cahier des charges;

2° Au jugement d'adjudication;

3° A la transcription de ce jugement ;

4° A l'ouverture de l'ordre ;

5° A la délivrance des bordereaux de collocation.

Premier système. — La transcription du procès-verbal de saisie et la sommation faite aux créanciers inscrits dispensent ceux-ci de renouveler leurs inscriptions.

En effet, dit-on, dès cette transcription, la publicité existe ; la saisie immobilière n'est plus seulement entre le créancier et le débiteur. Elle n'est plus étrangère aux tiers qui sont avertis par la transcription de la saisie qu'ils seront primés par les créanciers inscrits à cette époque.

1. Cass. 5 fév. 1828. D. 28, I. 120. — Caen, 6 mai 1824, S. 26, II, 3 3, Cass. 1er mai 1828. D. 28, I, 236.

D'autre part, la sommation de prendre communication du cahier des charges prévient les créanciers inscrits qui, dès lors, n'ont plus besoin de renouveler.

M. Persil qui soutient ce système, fait remarquer
que, sous l'empire de la loi de brumaire, la Cour suprême décidait que l'inscription était dispensée du renouvellement du jour où l'adjudication de l'immeuble
était annoncée par l'affiche contenant l'état des inscriptions. Sous la législation du Code civil, cela n'est plus
possible à soutenir, mais Persil en tire un argument
d'analogie : la notification du dépôt du cahier des charges et la mention de cette notification en marge de la
transcription donnent au créancier un droit acquis. La
saisie est consolidée et maintient tous les droits des
créanciers inscrits à cette époque [1]. Désormais, en effet,
les fruits sont immobilisés pour leur prix en être distri-
bué dans l'ordre avec celui du fonds entre les créanciers
hypothécaires seulement. Le saisi perd le droit d'aliéner
et du jour où la mention de la notification faite aux
créanciers inscrits sera inscrite en marge de la transcription, la saisie ne peut être abandonnée par le poursuivant seul au détriment des créanciers inscrits liés à
la poursuite par la sommation de l'article 691. Désormais, la radiation ne pourra plus avoir lieu que si le
poursuivant donne mainlevée de la saisie avec le consentement de tous les créanciers inscrits. N'est-ce pas
dire implicitement que la loi reconnaît à ces créanciers
un droit acquis, certain, impérissable ?

---

1. La loi du 2 juin 1841, réformant les ventes judiciaires, remplace
les notifications de placard dont parle Persil par la sommation de
prendre communication du cahier des charges.

La jurisprudence s'est prononcée plusieurs fois en faveur de cette opinion [1].

Nous rejetons ce système pour les raisons suivantes :

D'abord, il est contraire aux principes qui régissent la matière des hypothèques. En effet, le Code civil ne reconnaît qu'un mode de publicité de l'hypothèque : l'inscription. Or, c'est introduire un nouveau mode de publicité que déclarer que la transcription de la saisie et la sommation de prendre communication du cahier des charges suffisent pour prévenir les tiers qu'ils seront primés par les créanciers inscrits à cette époque. Lors même que cette publicité serait admise, elle n'en serait pas moins illusoire : lors de la sommation, les créanciers inscrits ne reçoivent signification d'aucun état des inscriptions existant à ce moment ; pour eux il n'y a donc pas de publicité. Supposons-nous que des tiers veuillent acquérir à l'amiable (687 C. pro.) : ils ne pourront traiter en aucune sécurité, s'ils ont à redouter, outre les inscriptions existant lors de leur acquisition, des inscriptions périmées entre la saisie et l'époque de leur acquisition.

Ensuite, les créanciers inscrits postérieurement à la saisie [2] seront sans moyen pour connaître ceux qui les priment, puisque des inscriptions périmées peuvent être préférées à celles qu'ils ont prises. L'adjudicataire lui-même ne pourra pas savoir exactement quels créanciers il aura à payer.

Nous pouvons donc bien dire que le droit des créan-

---

1. Bruxelles, 20 fév. 1811 ; Rouen, 29 mars 1817. D. A. *Priv. et hyp.* n° 1676.

2. Tous les auteurs reconnaissent que le saisi peut hypothéquer, quoique ne pouvant aliéner.

ciers inscrits n'est pas encore converti en un droit sur
le prix de l'immeuble saisi. Jusqu'à l'adjudication, le
saisi, resté propriétaire, peut hypothéquer ; il peut aliéner à l'amiable si l'acquéreur consigne une somme suffisante pour payer les créanciers inscrits et le saisissant.
S'il y a une adjudication, l'adjudicataire succédera au
saisi, non aux créanciers inscrits. Ceux-ci ne verront
donc leurs droits transportés de l'immeuble sur le prix
que du jour où ce prix existera, et il est bien certain
qu'il n'y en aura pas avant l'adjudication. En conséquence, il nous semble que l'inscription doit être renouvelée par les créanciers hypothécaires même après
l'accomplissement des formalités qui précèdent l'adjudication.

Deuxième système. — L'inscription ne produit son
effet légal qu'au moment de l'ouverture de l'ordre.

Ce système présenté par Merlin se base sur cette considération que nous avons déjà rencontrée à propos de
la vente volontaire : l'acquéreur par expropriation forcée
contracte l'engagement de payer les créanciers inscrits
et l'ouverture de l'ordre est précisément le moment où
le créancier hypothécaire doit faire usage de son inscription. Comment, dit Merlin, pourra-t-il en faire
usage si, dans l'intervalle de l'adjudication à l'ouverture
de l'ordre, elle avait atteint son terme fatal ?

Mais nous avons déjà fait remarquer que l'ordre n'a
pas l'effet que cette opinion veut lui attribuer. L'ordre
est purement déclaratif ; il n'est attributif d'aucun droit
en faveur des créanciers ; il règle les effets des droits
acquis aux créanciers ; voilà tout [1].

Troisième système. — La délivrance des bordereaux

---

1. En ce sens : Toulouse 20 mai 1828. D. A. V. *Degré de juridic-
tion* n° 330. — Caen, 6 avril 1824. D .A. *Priv. et hyp.* n° 1686.

dispense seule du renouvellement [1]. Ce n'est qu'après la délivrance de ces bordereaux que l'on peut dire que l'inscription a produit son effet, car leur délivrance est suivie d'un paiement immédiat et le créancier colloqué, en donnant quittance du montant de sa collocation, doit consentir la radiation de son inscription.

Nous écartons ce système par cette raison décisive, c'est que les droits des créanciers ne sauraient dépendre des lenteurs de la procédure [2].

Ces trois opinions rejetées, il nous faut choisir entre les deux autres et faire cesser l'obligation du renouvellement, soit au moment du jugement d'adjudication, soit à celui de la transcription de ce jugement.

La majorité des auteurs et une partie de la jurisprudence, admettent que l'adjudication dispense les créanciers de renouveler leurs inscriptions.

Quels arguments sont invoqués à l'appui de ce système?

Au moment de l'adjudication, dit-on, il se forme un contrat entre l'adjudicataire et les créanciers inscrits. Ceux-ci, après les notifications qui leur ont été adressées en vertu des articles 692, 693 C. pro. civ., sont devenus parties intervenantes dans la poursuite de l'exploitation forcée. La saisie n'a plus pu être rayée sans leur consentement; ils ont pu proposer des modifications au cahier des charges, demander des annonces supplémentaires, etc.

D'un côté, nous trouvons donc un adjudicataire qui, débiteur du prix, prend l'engagement de le payer aux créanciers inscrits en rang utile.

D'un autre, les créanciers acceptent l'adjudicataire

---

1. D. A. *Priv. et hyp.* n° 1678 et suiv.
2. Comparer avec ce que nous avons dit plus haut sur la vente volontaire, de ces deux systèmes de Merlin et de Dalloz.

pour débiteur et s'engagent à faire radier leurs inscriptions, dès le paiement du prix.

Entre ces deux parties, il se forme un contrat qui a
pour effet de transporter les droits des créanciers de
l'immeuble sur le prix.

L'adjudicataire pourrait même, conformément à l'article 777 C. pro. civ., sans attendre le règlement de
l'ordre, consigner son prix, radier les inscriptions et obtenir une ordonnance de libération.

Tout cela montre donc bien que l'inscription a produit
son effet légal dès l'époque du jugement d'adjudication,
qu'elle est dès lors inutile et n'a plus besoin d'être renouvelée.

On ajoute dans cette opinion que la loi du 23 mars 1855
n'empêche pas cette solution d'être exacte. Si le jugement d'adjudication n'arrête plus le cours des inscriptions, si désormais la transcription de ce jugement a
seule cet effet, il n'en est pas moins vrai que les créanciers ne sont pas obligés de renouveler l'inscription de
droits qui leur sont acquis par l'adjudication. La transcription n'ajoute rien aux droits acquis sur le prix par
l'adjudication, mais elle ne leur enlève rien [1].

Survient-il une surenchère du sixième, cette surenchère n'a d'autre effet par rapport aux créanciers que
d'augmenter leurs chances de paiement. Ceux-ci voient
leur droit consolidé, maintenu ; bien plus, ils ont même
l'espérance d'une augmentation au moins d'un sixième
du prix.

Sans doute, font remarquer les partisans de ce système, on pourrait objecter que la surenchère a un caractère résolutoire qui anéantit l'adjudication. Le pre-

---

1. En ce sens : Bordeaux, 19 nov. 1868, S. 69, II, 117. — Caen,
9 mai 1871. S. 72. II, :25.

mier adjudicataire n'est plus tenu de payer le prix car il n'a plus aucun droit; d'autre part, le second adjudicataire est complètement étranger à la propriété jusqu'à la seconde adjudication et il ne succède pas au premier acquéreur. Ce point de vue est inexact; les créanciers ont dû croire, lors de la première adjudication, qu'ils acquéraient un droit définitif sur le prix. La surenchère les laisse dans la situation où le jugement d'adjudication les a mis; cela est certain quand le premier adjudicataire se rend adjudicataire définitif, et, dans le cas contraire, le nouvel adjudicataire se trouve substitué au premier dans le contrat tacite qui liait ce dernier avec les créanciers [1].

Un auteur cependant qui admet le principe que le jugement d'adjudication dispense les créanciers du renouvellement fait la distinction suivante à propos de la surenchère. Si l'adjudicataire définitif est un autre que l'adjudicataire primitif, la véritable adjudication est celle qui est faite au surenchérisseur: c'est elle qu'il faut prendre pour point de départ à l'effet de savoir si les inscriptions ont produit leur effet légal. Mais si le premier adjudicataire est aussi le second, l'inscription est réputée avoir produit son effet dès la première adjudication. Distinction peu rationnelle, à notre sens, car c'est faire dépendre les effets des inscriptions du caprice du premier adjudicataire [2].

Sauf cette dissidence, tous les partisans du système que nous venons d'exposer, soutiennent que l'effet légal des inscriptions est produit dès le jugement d'adjudication, alors même qu'il surviendrait une surenchère.

Certains auteurs [3] ont prétendu que l'adjudication ne

1. *Contrà*, Lecoq, *Revue pratique* 1856, 2ᵉ année, p. 460.
2. Troplong, III, nᵒˢ et suiv.
3. V. S. 30, II, 25.

faisait pas produire aux inscriptions leur effet légal, puisque les créanciers inscrits peuvent encourir certaines déchéances, s'ils ne prennent les mesures conservatoires prescrites par les articles 753 et suivants C. pro. civ. « Pourquoi donc ces créanciers inscrits seraient-ils à » l'abri de la déchéance prononcée par l'article 2154, » C. civ., s'ils ne prennent la mesure conservatoire or-» donnée par cet article ? » Cette objection ne nous paraît pas fondée ; les déchéances sont de droit étroit et ne peuvent être étendues d'un cas à un autre ; l'art. 2154 a un but que ne visent pas les articles 753 et suivants C. pro. L'article 2154 vise la publicité des inscriptions ; les articles 753 et suivants veulent activer la marche de la procédure et imprimer plus de célérité aux longues formalités de l'ordre.

Le jugement d'adjudication dispenserait-il les créanciers hypothécaires de renouveler leurs inscriptions s'il survient une revente sur folle enchère ?

La plupart des auteurs qui admettent que la surenchère ne modifie en rien les effets du jugement d'adjudication, donnent la même solution quand il y a une folle enchère. Celle-ci n'est, en définitive, que la continuation de la poursuite sur laquelle l'adjudication a été prononcée. Elle tend uniquement à consolider les droits des créanciers, tels que l'adjudication les avait fixés. On prétendrait en vain que la revente sur folle enchère est une résolution de l'adjudication. C'est une apparence plutôt qu'une réalité et la preuve en est dans l'art. 779 C. pro. civ. Cet article, en effet, nous dit que la folle enchère ne donne pas ouverture à une nouvelle procédure d'ordre, mais que c'est toujours l'ordre primitif ouvert sur le prix du fol enchérisseur qui poursuit son cours.

D'ailleurs, le fol enchérisseur est tenu de la différence entre son prix et celui de la revente sur folle enchère, ce qui implique que le contrat né de l'adjudication n'est pas résolu.

Donc, en résumé, le jugement d'adjudication dispense les créanciers du renouvellement de leurs inscriptions, alors même qu'il surviendrait une surenchère. S'il y a folle enchère, la péremption survenue après l'adjudication et avant la revente ; ne touche en rien l'irrévocabilité des droits acquis sur les prix en vertu des inscriptions existant au jour du jugement d'adjudication [1].

Le système que nous venons d'exposer serait également le nôtre, si nous n'étions sous l'empire de la loi du 23 mars 1855.

Nous croyons, en effet, que cette loi qui a modifié considérablement notre système hypothécaire doit conduire à une solution nouvelle de la question qui nous occupe.

A nos yeux, la transcription du jugement d'adjudication, seule, dispense les créanciers de renouveler leurs inscriptions.

Dire que la date du jugement d'adjudication fixe l'époque où l'inscription a produit son effet légal nous paraît contraire aux principes qui régissent actuellement la matière des hypothèques. Ce point de vue est si vrai que tous les arrêts qui admettent ce dernier système se réfèrent aux articles 1, 3 de la loi du 23 mars 1855 et à l'article 717 du Code de procédure.

1. En ce sens : Cass. 7 juill. 1829, 14 juin 1831, 20 déc. 1831, D. A. *Priv. et hyp.* n° 667 et 1679. — Bordeaux 19 nov. 1868, S. 69, II, 71. — Chambéry, 23 mai 1869. S. 71, IV, 240. — Caen 9 mai 1871. D. 76, II, 103. Agen 16 nov. 1886, D. 87, II, 110.

En effet, aux termes des articles 1 et 3 de la loi de 1855, tout jugement d'adjudication, autre que celui rendu sur licitation au profit d'un cohéritier ou d'un copartageant doit être transcrit, et, jusqu'à cette transcription, les droits résultant des actes et jugements soumis à la transcription ne peuvent être opposés aux tiers qui ont des droits sur l'immeuble et qui les ont conservés en se conformant aux lois, notamment en renouvelant les inscriptions.

Il en résulte que le jugement d'adjudication n'a pas seul la vertu de délivrer l'immeuble des inscriptions hypothécaires; il n'aura cette vertu que par la transcription. Or, tant que l'immeuble hypothéqué est dans le domaine du débiteur, l'obligation de renouveler doit exister. Ce ne sera donc pas la date du jugement, mais celle de la transcription qui dispensera du renouvellement les inscriptions non périmées au jour de la transcription.

L'article 717 du Code de procédure semble non moins concluant. Il dispose que le jugement d'adjudication dûment transcrit purge toutes les hypothèques et que les créanciers n'ont plus d'action que sur le prix. C'est dire que, jusqu'à la transcription, le saisi reste propriétaire tout au moins dans ses rapports avec les tiers ; que la propriété n'est réellement et efficacement transmise à l'adjudicataire que par la transcription du jugement d'adjudication. A ce moment seulement, les droits des tiers se trouvent transportés de l'immeuble sur le prix. Or ce transport du droit hypothécaire sur ce prix ne peut s'effectuer que si l'inscription est encore utile, c'est-à-dire si elle n'est pas périmée ou si elle a été renouvelée à temps.

Mais du jour où le jugement est transcrit, l'inscrip-

tion aura produit tout son effet, au regard de l'adjudicataire et des autres créanciers; alors seulement les
hypothèques cesseront d'exister, alors seulement de-
viennent inutiles les formalités destinées à les conserver.

Donc, à partir de la transcription, de même que le
droit de suite est éteint si l'adjudicataire paie ou consigne son prix, de même les inscriptions ayant produit
leur effet, le droit de préférence se conservera sans qu'il
soit besoin de renouveler.

La jurisprudence et la doctrine, sauf un seul auteur,
M. Carré, reconnaissent aujourd'hui que l'article 686
C. pro. en retirant au saisi seulement la faculté d'aliéner l'immeuble après la transcription de la saisie, ne lui
a pas enlevé celle de l'hypothéquer. Par conséquent,
jusqu'à la transcription du jugement d'adjudication,
l'immeuble peut être frappé d'une hypothèque conventionnelle, légale ou judiciaire et les créanciers peuvent
l'inscrire. Cet article implique que la transcription seule
et non le jugement d'adjudication règle la situation
hypothécaire de l'immeuble.

D'ailleurs ce n'est que l'application pure et simple
des principes de la matière, principes qui doivent être
suivis toutes les fois qu'il n'y est pas dérogé. Or, nous
ne trouvons aucune exception en ce qui concerne le
renouvellement des inscriptions se périmant postérieurement à la date du jugement d'adjudication, mais
avant la transcription de ce jugement.

La jurisprudence, il est vrai, s'est prononcée, à
maintes reprises, en faveur du système qui reporte le
moment où l'inscription a produit son effet légal, à
l'époque du jugement d'adjudication.

Mais plusieurs arrêts, notamment ceux de Caen

(9 mai 1871) et d'Agen (16 novembre 1886), émettent une distinction qui doit, à notre sens, faire repousser le système adopté par ces cours.

Ces arrêts distinguent suivant qu'il s'agit d'un créancier antérieur ou postérieur à l'adjudication. Est-il postérieur, l'adjudication n'existe pour lui qu'à la transcription ; jusqu'à celle-ci, aucune inscription n'a, à son égard, produit son effet légal et toutes, le cas échéant, doivent être renouvelées. Le défaut de renouvellement est pour lui un danger réel, car il ignore l'existence de l'inscription, puisque celle-ci n'a pas figuré dans l'état qu'il s'est fait délivrer.

Est-il inscrit avant l'adjudication, il ne peut invoquer aucune de ces raisons ; par conséquent, pour lui, la dispense de renouvellement commence au jour de l'adjudication.

Cette distinction implique une concession faite à notre système, et montre bien que le créancier hypothécaire, quel qu'il soit, peut renouveler même après le jugement d'adjudication.

Nous estimons donc que la transcription du jugement d'adjudication seule dispensera les créanciers hypothécaires de renouveler leurs inscriptions. C'est d'ailleurs la solution qui, depuis une dizaine d'années environ, tend à prévaloir dans la jurisprudence [1].

Remarquons d'ailleurs que le système contraire au nôtre pourrait conduire à de graves conséquences.

Souvent il arrive qu'un ordre est ouvert par l'adjudi-

---

1. Nimes 11 juill. 1884, D. 85. II, 12. — Aix 10 juin 1884, D. 85, II, 172. — Bordeaux, 1 déc. 1885. D. 87, II, 12. — Cass., 22 janv. 1877. D. 77, I, 249. — Cass., 6 juin 1887. *France judiciaire*, 1887, partie II, p. 271. En ce sens : Mourlon, *Commentaire sur la loi de 1858* n° 235. Bressoles, *Transcription* n° 80.

cataire de l'immeuble saisi, sur l'état qu'il a requis lors
de la transcription de son jugement et non sur l'état
délivré au poursuivant. Or le conservateur aura pu ne
pas porter sur cet état une inscription qu'il a pu regarder comme périmée d'après la jurisprudence que nous
écartons. Le créancier ne sera donc pas appelé à l'ordre.
Sans doute, il aura un recours en dommages-intérêts
contre le conservateur. Mais ce dernier a pu ne pas être
en faute et en outre c'est aggraver inutilement la responsabilité déjà fort lourde du conservateur. Les tiers
eux-mêmes supporteront les conséquences de cette doctrine, si le cautionnement du conservateur est insuffisant.

Lorsqu'un immeuble a été saisi et que la saisie a été
transcrite, les intéressés peuvent s'entendre afin de demander une adjudication devant notaire ou en justice ;
ces parties intéressées ce sont, dit l'article 743 C. pro.
civ., avant la sommation prescrite par l'article 692,
le saisi et le poursuivant[1], et, après cette sommation, le poursuivant, le saisi et les créanciers inscrits.

Cette opération, c'est la vente sur conversion de saisie. La saisie immobilière se trouve convertie en vente
volontaire. Quelle en sera l'influence sur l'obligation du
renouvellement? à quel moment de cette nouvelle procédure, les créanciers seront-ils dispensés de renouveler leurs inscriptions ?

Il faut distinguer. Si la conversion a eu lieu avant la
sommation prescrite par l'article 692, les créanciers inscrits n'étant pas avertis, ne seront dispensés de renouveler que du jour des notifications prescrites par l'arti-

1. Lyon, 24 août 1854. D 56, II, 164.

cle 2183. La conversion n'a, à leur égard, que les effets d'une vente amiable.

Si, au contraire, la conversion a eu lieu après cette sommation, la transcription seule dispensera les créanciers de renouveler. La conversion, dans ce cas, ne fait pas disparaître le caractère de vente sur saisie.

III
Expropriation pour cause d'utilité publique.

Lorsque l'arrêté de cessibilité déterminant les parcelles à exproprier a été rendu, le propriétaire peut céder à l'amiable ; en ce cas, le moment où la cession amiable est consentie ne suffit pas pour dispenser les créanciers hypothécaires de renouveler leurs inscriptions : ces créanciers, en effet, ne connaissent pas plus cette cession qu'ils ne connaissent une vente volontaire.

A défaut de cession amiable, on suit la procédure d'expropriation. A quel moment y aura-t-il dispense de l'obligation de renouveler ?

Ce ne sera pas à la date du jugement d'expropriation, car les créanciers inscrits ne sont pas liés à la procédure et il ne se forme aucun contrat entre eux et la personne qui poursuit l'expropriation.

Plusieurs auteurs ont soutenu que, depuis la loi du 23 mars 1855, l'effet légal de l'inscription est produit au jour de la transcription de la cession amiable ou du jugement d'expropriation. En effet, disent-ils, la loi du 23 mars 1855 a modifié celle du 3 mai 1841 dont l'article 17 accorde un délai de 15 jours après la transcription du jugement ou de la cession amiable pour prendre ins-

cription. Ce délai de quinzaine n'est autre que celui
accordé par l'art. 834 C. pro. Or, cet article a été formellement abrogé par la loi de 1855 ; donc, le délai de quinzaine qui n'est qu'une application, à notre matière, de
l'art. 834 C. pro. est abrogé. La loi de 1855 doit donc
s'appliquer et aucune inscription ne pourra être forma-
lisée à partir de la transcription, sauf certaines exceptions indiquées dans l'article 6 de cette loi.

Nous préférons nous rallier à une autre solution qui
est généralement suivie : la loi du 3 mai 1841 est seule
applicable à l'expropriation, et c'est l'expiration du délai
de quinzaine après la transcription qui rend le renouvellement inutile.

Tout d'abord, nous remarquons que les partisans du
système précédent, ou du moins quelques-uns, reconnaissent que la loi du 3 mai 1841 a entendu faciliter le
dégrèvement des biens expropriés et que le jugement
d'adjudication, sans le secours de la transcription, rend
l'expropriant propriétaire à l'égard des tiers comme
de l'exproprié. C'est dire que la loi du 3 mai 1841
forme un tout indivisible, une matière tout à fait spéciale.

S'il est certain que la loi de 1841 a emprunté le délai
de quinzaine aux articles 834 et s. C. pro. elle en prend
la disposition sans s'y référer ; elle la reproduit pour
l'appliquer à un sujet spécial : l'expropriation pour cause
d'utilité publique. Sans doute, l'article 834 est abrogé
par la loi de 1855, mais cette loi n'abroge nullement
celle du 3 mai 1841. D'ailleurs *generalia specialibus non
derogant*, et cela est d'autant plus probable, que les
commissaires du gouvernement, lors de la discussion de
la loi de 1855, déclarent « qu'il n'est nullement dérogé
» à la loi du 3 mai 1841 ; qu'ainsi les délais accordés par

» cette loi aux parties intéressées sont intégralement
» maintenus. »

Nous sommes donc autorisés à conclure que le délai
de quinzaine établi par l'article 17 de la loi du 3 mai
1841 existe encore et que son expiration seule dispense
du renouvellement. A partir de ce moment les droits
des créanciers sont reportés sur le prix.

La majorité des auteurs se rangent à cette opinion [1].

Nous venons de rechercher à quel moment cesse la nécessité du renouvellement dans la vente volontaire, la
saisie immobilière et l'expropriation pour cause d'utilité
publique.

Pour compléter ce point, nous devons examiner rapidement si la faillite, l'acceptation bénéficiaire ou la vacance de la succession du débiteur, la cession de biens,
dispensent les créanciers hypothécaires de renouveler
leurs inscriptions.

I. *Faillite du débiteur.* — Nous ne pensons pas que
la faillite dispense du renouvellement.

En effet, on ne peut pas dire que les droits des créanciers soient définitivement fixés. Sans doute, l'un d'eux
ne peut plus améliorer sa situation au détriment des autres, mais tous seront exposés à la péremption, tous
devront donc se montrer vigilants et accomplir tous les
actes conservatoires de leurs droits. Le failli reste propriétaire de ses biens malgré le dessaisissement ; il en
perd seulement l'administration et le droit d'en disposer.
La loi a voulu ainsi empêcher. 1° la diminution de l'actif
par des aliénations ou des avantages faits à tel créancier ;
2° l'augmentation du passif. La liste des créanciers à
partir du jugement déclaratif de faillite ne peut plus

---

1. Troplong, *Trans.*, n° 103. Colmet de Santerre, X, p. 348 Aubry et
Rau III, § 280, note 5

s'augmenter du fait du failli, mais ces créanciers n'ont
pas encore de droits acquis. Le failli peut satisfaire ses
créanciers, faire cesser les poursuites, obtenir un concordat, être remis à la tête de ses affaires comme s'il n'y
avait pas eu de faillite déclarée. On voit donc bien que
l'inscription est loin d'avoir produit son effet légal par
cela seul que les biens qu'elle frappe appartiennent à
une faillite ; il ne pourra y avoir de prix que par l'effet
d'une vente ultérieure.

Cette solution est corroborée par un argument fourni
par l'article 2146 C. civ. Cet article défend de prendre
inscription dans le délai pendant lequel les autres faits
avant l'ouverture des faillites sont déclarés nuls. La loi
rend donc inefficaces les inscriptions acquisitives d'un
rang, c'est-à-dire d'un droit nouveau, mais elle n'entend
pas parler des inscriptions seulement conservatoires d'un
droit préexistant. Par conséquent, le renouvellement
n'étant jamais qu'un acte conservatoire de droits acquis,
il peut être effectué malgré la faillite du débiteur.

Comme le failli reprenant la libre administration de
ses biens peut vendre et hypothéquer, aucun droit sur le
prix n'étant acquis aux créanciers, puisqu'il n'y a encore
aucun prix ; comme les tiers qui contracteront avec le
failli ne peuvent connaître par les états délivrés par les
conservateurs que les inscriptions ayant moins de dix
ans, nous sommes en droit de prétendre, l'article 2146
C. civ. ne prohibant pas le renouvellement, que l'inscription n'a pas produit son effet légal et que la faillite
ne dispense pas de la renouveler [1].

1. En ce sens : Merlin, *Rép. Ins. hyp.* 471. — Aubry et Rau, III, § 280
note 13. — Pont, II, n° 1054. — Paris 19 août 1841. Cass. 17 juin 1817,
15 déc. 1829. — Rouen, 30 mai 1825; Paris 19 nov. 1842. D. A.
Priv. et hyp. n° 1671. Cass. 2 déc. 1863. D. 64, I, 105 — *Contrà,* Paris, 7 déc. 1831, D. 32, II, 77. — Turin, 27 déc. 1806, Bruxelles, 3 juin

La Cour de Paris, dans un arrêt du 9 mars 1812, a
prétendu que l'inscription, prise au nom de la masse,
valait renouvellement dans l'intérêt des créanciers hypothécaires.

Nous croyons que c'est une erreur. L'inscription prise
au nom de la masse ne dispense pas du renouvellement ;
les syndics ne sont chargés que des intérêts à protéger
contre le failli et les étrangers et l'inscription qu'ils
prennent ne profite qu'aux créanciers chirographaires
et non aux créanciers hypothécaires. Ceux-ci, ayant un
titre, doivent veiller à la conservation de leurs droits.
Si la faillite produit cet effet d'empêcher un créancier
d'acquérir ces droits au préjudice d'un autre, elle n'empêche pas que des créanciers ne puissent perdre des
droits qui leur étaient acquis, car alors il faudrait dire
que la faillite éteint toute prescription, ce qui est inadmissible [1].

II. *Succession bénéficiaire.* — De même que la faillite
du débiteur, l'acceptation de sa succession sous bénéfice
d'inventaire ne dispense pas les créanciers du renouvellement décennal de leurs inscriptions.

Le bénéfice d'inventaire est une faveur accordée à
l'héritier, et cette faveur ne saurait dispenser les créanciers de veiller à la conservation de leurs droits.

La situation est loin d'être définitive ; l'héritier peut
renoncer à ce bénéfice, accomplir des actes qui le feront
déclarer héritier pur et simple du jour de l'ouverture de
la succession ; par conséquent, l'acceptation bénéficiaire ne convertit pas les droits des créanciers hypothécaires en un droit certain sur le prix.

1817 D. A. *Priv. et hyp.* nos 1631, 3670 Paris, 17 juill. 1811, 9 mars
812. D. A. *Priv. et hyp.* nos 1671, 1673.

1. En ce sens : Dijon, 26 fév. 1819. D A. *Priv. et hyp* no 167 .
— Limoges 26 juin 1820, *eod. op.* no 639.

Si le législateur avait voulu dispenser du renouvellement dans notre hypothèse, il s'en serait formellement expliqué et aurait établi une exception à l'article 2154, lequel pose en termes absolus et généraux que l'effet des inscriptions ne dure que dix ans et qu'elles sont périmées si elles ne sont pas renouvelées avant l'expiration de ce délai.

Enfin, on ne saurait faire dépendre la nécessité ou la dispense du renouvellement de ce fait que la succession est échue à un mineur. La succession, en ce cas, ne peut être acceptée que sous bénéfice d'inventaire. Comment soutenir que le fait qu'un héritier est mineur va dispenser les créanciers hypothécaires de l'obligation de renouveler leurs inscriptions [1] ?

III. *Succession vacante.* — La vacance d'une succession ne dispense pas les créanciers inscrits avant le décès du renouvellement décennal. Personne ne prétendra que cette vacance fait produire à l'inscription son effet légal, puisque le retour d'un absent peut modifier les circonstances [2] .

IV. *Cession de biens.* — Dispense-t-elle du renouvellement?

En principe, nous ne le croyons pas. C'est une question d'interprétation de la volonté des parties ou du jugement qui admet la cession.

Il est bien entendu que la dispense de renouvellement, au cas où elle aura lieu, ne concernera que les créanciers hypothécaires au profit desquels la cession de biens est intervenue.

1. En ce sens : Aubry et Rau, III, § 280, note 13. — Laurent, XXXI, n° 146. — Cass. 17 juin 1817, 14 nov. 1826. — Bordeaux, 15 déc. 1826. — Cass. 29 juin 1830. — *Contrà.* Rouen, 18 mars 1320. D. A. *Priv. et hyp.* n° 1670, 167[1].

2. En ce sens : Caen, 19 fév. 1825. D. 25, II, 160. — Orléans, 26 août 1859. D. 70, II, 113.

POSITIONS

2° La mention de l'inscription primitive (page 178).

II. Le conservateur ne peut pas refuser de renouveler une inscription radiée (page 159).

III. Si le mariage est dissous par la mort de la femme, les héritiers de celle-ci, même mineurs et placés sous la tutelle du mari, ne sont pas dispensés d'inscrire l'hypothèque légale de leur mère (page 196).

IV. En cas de vente volontaire suivie de purge, l'inscription n'a plus besoin d'être renouvelée dès le moment où l'acquéreur fait les notifications, qu'il y ait ou non surenchère (page 225).

B. POSITIONS PRISES EN DEHORS DE LA THÈSE

DROIT ROMAIN

I. Le jus offerendi peut s'exercer à l'encontre d'un créancier hypothécaire postérieur en rang.

II. A l'époque classique et encore au temps de Dioclétien la propriété ne peut être transférée ad tempus.

III. La compensation légale fut inconnue à Rome.

IV. La litis contestatio n'est pas une vraie novation.

DROIT CIVIL

I. La femme qui réclame ses reprises en valeur seulement, non en nature, peut, quoique non munie de titres authentiques, les exercer à l'encontre des créanciers de son mari, si elle invoque les moyens de preuve de droit commun.

II. Le mineur émancipé par mariage n'a pas besoin de l'autorisation de justice pour aliéner les valeurs mobilières comprises dans une succession qui lui est échue.

III. Le créancier subrogé dans l'hypothèque légale déjà inscrite d'une femme mariée peut rendre la subrogation publique, soit par une mention marginale, soit par une inscription prise directement à son profit.

IV. L'inscription de l'hypothèque légale de la femme mariée au profit d'un créancier subrogé peut être requise par un seul et même bordereau, concurremment avec l'inscription d'une hypothèque conventionnelle consentie par le mari.

DROIT COMMERCIAL

I. Le seul fait par un créancier hypothécaire de voter au concordat emporte renonciation de son hypothèque, quand même le concordat viendrait à être annulé.

INSTRUCTION CRIMINELLE

I. Le juge d'instruction a rendu une ordonnance de mise en liberté sous un cautionnement déterminé, mais sans fixer la somme affectée à chacune des deux parties de l'engagement. Le jugement est rendu contradictoirement ; puis, dès que la décision est devenue définitive, le condamné se dérobe par la fuite au paiement de l'amende et des frais. Le juge d'instruction a encore qualité pour rectifier son ordonnance.

DROIT PÉNAL

I. Les condamnations pour tentative de vol et d'escroquerie comptent pour la relégation.

II. Les condamnations pour complicité comptent pour la relégation.

III. La relégation peut être prononcée contre des étrangers.

Vu par le Doyen,   *Vu par le Président de la Thèse,*

COLMET de SANTERRE.   J.-E. LABBÉ.

Vu et permis d'imprimer :

Le Vice-recteur de l'Académie de Paris,

GRÉARD.

TABLE DES MATIÈRES

DROIT ROMAIN

DROIT FRANÇAIS

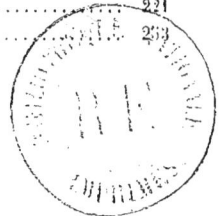

Châteauroux. — Typ. et Stéréotyp. A. MAJESTÉ.

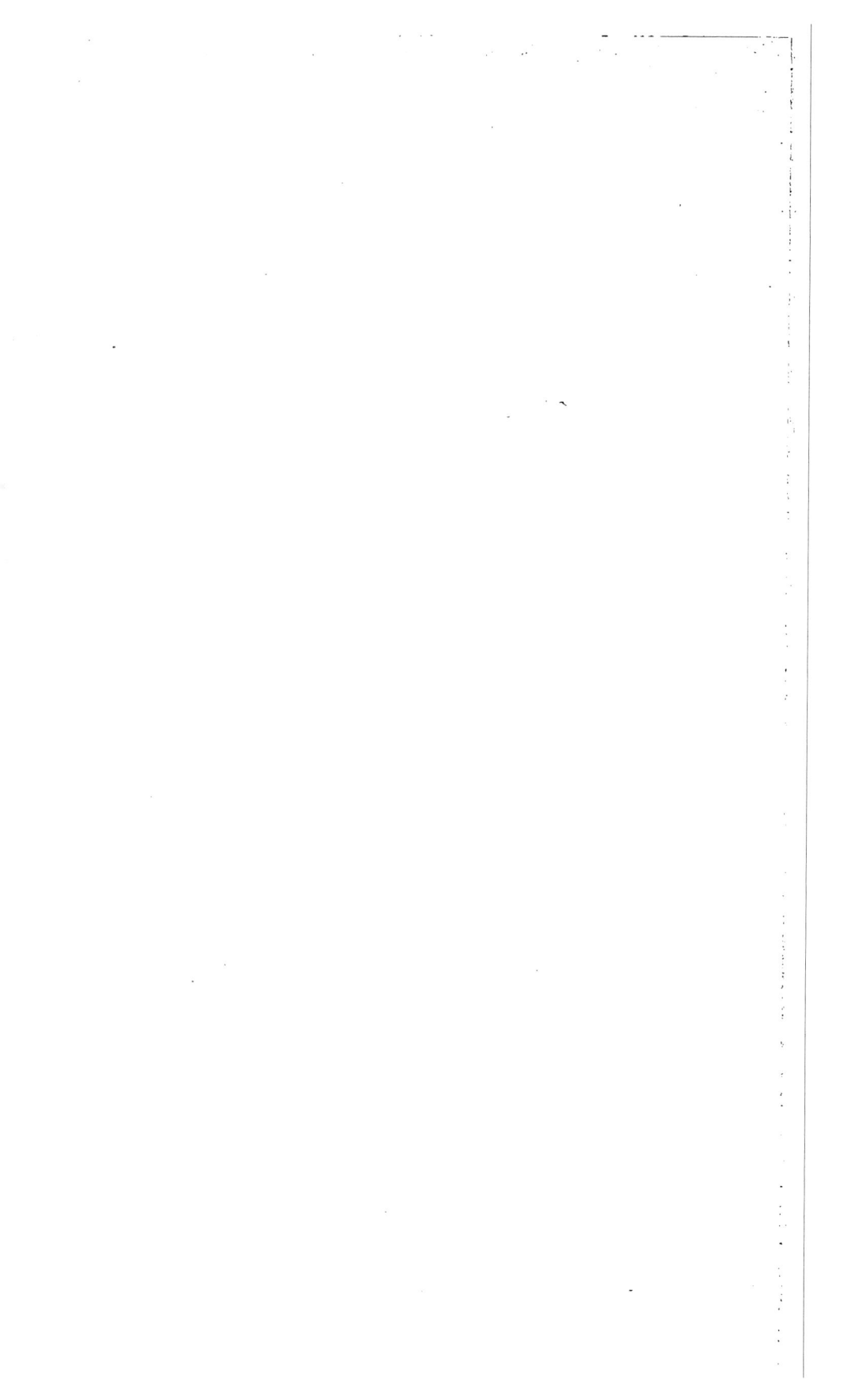

CHATEAUROUX. — IMPRIMERIE A. MAJESTÉ

www.ingramcontent.com/pod-product-compliance
Lightning Source LLC
Chambersburg PA
CBHW060343200326
41519CB00011BA/2022